教育是一种大智慧

（第2版）

林格 著

清华大学出版社

北　京

图书在版编目(CIP)数据

教育是一种大智慧 / 林格 著. —2版. —北京：清华大学出版社，2020.1
ISBN 978-7-302-53755-7

Ⅰ. ①教… Ⅱ. ①林… Ⅲ. ①教育学—研究 Ⅳ. ①G40

中国版本图书馆 CIP 数据核字(2019)第 195721 号

责任编辑：陈 莉 高 屾
封面设计：周晓亮
版式设计：方加青
责任校对：成凤进
责任印制：宋 林

出版发行：清华大学出版社
　　　　　网　　　址：http://www.tup.com.cn，http://www.wqbook.com
　　　　　地　　　址：北京清华大学学研大厦 A 座　　　　　邮　　　编：100084
　　　　　社 总 机：010-62770175　　　　　　　　　　　邮　　　购：010-62786544
　　　　　投稿与读者服务：010-62776969，c-service@tup.tsinghua.edu.cn
　　　　　质 量 反 馈：010-62772015，zhiliang@tup.tsinghua.edu.cn
印 装 者：三河市金元印装有限公司
经　　销：全国新华书店
开　　本：170mm×240mm　　印　　张：16　　字　　数：295 千字
版　　次：2007 年 1 月第 1 版　2020 年 1 月第 2 版　印　　次：2020 年 1 月第 1 次印刷
定　　价：59.00 元

产品编号：082805-01

前　言

教育的本质是什么？

教育的本质是促进人的发展，也就是说，教育的过程就是发掘人的天性、潜能以及潜在价值的过程。

但教育的根本目标是教会孩子做人，培养"人"比培养"才"更加重要。

教育必须立足于培养一个具备健康人格的现代人，所以，教育决不仅仅是某一种技术，而应该是一种综合人文素养，是一种大智慧。

所有的教师和父母都应该重新学习儿童教育这门专业的课程。

本书是作者多年来进行教育研究的一个总结，是作者的代表性作品。

本书主要内容是：

第1章　没有尊重就没有教育。这里介绍的是我们的教育者怎样从"尊重"这个基本价值出发，建立健康的儿童观和发展观。人在社会中生活，不同的个性、不同的选择只能在统一的基本的价值条件下才能获得发展。没有尊重，就没有教育。我们往往会忽略"尊重"真正的内涵与重要性，认为"尊重"是一个谁都知道的问题，但事实上，我觉得该问题远非大家所想象的那样简单。北京市东城区教育局用10年时间进行了"尊重教育"课题研究，逐渐形成了一个全国著名的教育品牌。

第2章　教育必须遵循人的发展规律。人的教育，必须了解、遵循人的科学发展规律，这里介绍的"儿童权利""关键期""人的发展是呈阶梯式的""罗森塔尔效应""潜意识"和"生物钟理论"等，是我认为寻找教育智慧的7个基础平台。从这里出发，你对教育智慧就有了基本的认识，否则，教育只是一些技术而已。

第3章　关系第一，教育第二。亲子关系是家庭教育的逻辑起点。这里主要介绍的是，如何建立良好的亲子关系或者师生关系。我们知道，面对亲近和崇敬的人，他的表扬会让我们心花怒放，他的批评会让我们分外愧疚。在学校，是否喜欢该科目的老师会直接影响我们学习该科目的热情；在家里，我们与谁更亲近，便容易接受谁的教育——关系的好坏何等重要！中日友好医院的李子勋教授提出"关系大于教育"，中国青少年研究中心孙云晓教授提出"好的关系胜过许多教育"，都是极有智慧的观点。

第4章　父教是不可缺少的。为什么将"父教"单独作为一种智慧来谈？目前中国的家庭教育任务，似乎只是由母亲来完成的。一般来讲，学校召开家长会，90%都是母亲参加，父亲即使偶尔关注一下孩子的教育，也只是浅层次的"教诲"。当孩子迈进幼儿园，甚至小学，遇到的也大多数是女性教师。这些，都将对孩子的性别角色发展以及人格形成极为不利。所以，怎样当父亲，其实是一个至关重要的教育问题。

第5章　和谐家庭是孩子成长的沃土。万物和谐是自古以来的幸福理想。儒家、道家等学派都有丰富的和谐思想。毕达哥拉斯说过："什么是最美的？是和谐。"如果美就是一种和谐，那么，只要人们感受的美越多，内心就会越快乐。风景如斯，人与人之间的关系亦如斯。在和谐中一切都是可能的。对于孩子来说，能生活在一个和谐的家庭里，是世界上最大的幸福。与此相反，很多在不幸家庭、离异家庭成长的儿童将遇到更大更多的困难和挑战。另外，在孩子的教育上，家庭成员达成一致，也是促进幸福家庭建设的一条途径。

第6章　图书和网络。这里介绍的是媒介与儿童教育的内容。现代社会中，媒介对儿童教育的影响是巨大的，这里以读书和网络为重点，进行了方法上的探讨，特别提及，中国社会科学院的卜卫研究员是我国研究媒介与儿童教育的权威，她的很多观点值得全社会重视。

第7章　教育的目标是学会做人。教会孩子如何做人，培养孩子的健康人格，应当是教育的首要任务，也是根本目标。本章从"孝心""责任感""自信"等若干个最基本的价值观出发，为教育者提供了一个切实的操作系统，简单有效而不至于落入俗套，这是作者多年教育思考的一个重点。

第8章　真正的教育是自我教育。苏霍姆林斯基说，从某种意义上说，真正的教育是自我教育。"自我意识"始终是教育上的一个关键点，这就要求人能够正确认识自己、评价自己、调节自己。一是正确认识自己的潜能；二是正确评价自己，包括通过自评、互评、征评来评定自己的潜能发挥情况；三是正确调节自己，主要是看自我行为是否得到调整和控制。本章围绕着如何引导孩子主动学习，深入浅出地提出了自我教育的若干个有效的策略。

第 9 章 厌学是世界上最大的难题。学习是一件苦差事，厌学是世界上最大的难题，所以如何引导孩子热爱学习，不是一件容易的事情。解决了这个问题，其他的教育问题很有可能就随之迎刃而解了。这里从最基本，也是最重要的一些内容谈起，为读者提供了一个激励孩子"爱学习、会学习"的系列方案。

第 10 章 一切教育最终都将归结于习惯的培养。爱因斯坦说，把你在课堂上和书本上学到的知识都忘记了，剩下的就是素质。具体而言，这里所讲的素质是什么？就是习惯。一切的教育都将归结为习惯的养成。习惯是人的正确认识和正确行为之间的一座桥梁。习惯往往起源于看似不经意的小事，却蕴含着足以改变人类命运的巨大能量。多一个好习惯，就多一份自信；多一个好习惯，就多一份成功的机会；多一个好习惯，就多一份享受生活的能力。好习惯常常让人受益终身，坏习惯往往使人深陷泥潭。

希望这本书能弥补现实中的教育的不足，也希望我们的教育者，无论是教师还是父母，和我们一起来探讨这个涉及孩子未来命运的重要课题。所有著作的价值都是作者、读者以及编者三方共同创造出来的。如有更好的建议，请发邮件到 linge1000@vip.sina.com。

林　格

目　录

第1章
没有尊重就没有教育

建议1：让孩子成为他自己

所有的成功都是个性的成功，因此，教育的真谛是让孩子成为他自己。

每个孩子都是一个独立的个体，不是父母的附属品。他们有自己的思想、人格和尊严，而这些都不是父母所能主宰的。因此，他们是独立的人，他们的个体权利应当受到父母的保护。著名教育家陈鹤琴就提出："儿童不是'小人'，儿童的心理与成人的心理不同，儿童时期不仅作为成人之预备，也具有它的本身价值，我们应当尊重儿童的人格，爱护他的烂漫天真。"

在《教育的秘诀是真爱》一书中，孙云晓教授讲了这样一件事：

有一位母亲看到上高中的儿子因为谈恋爱而心神不定的时候，非常替孩子着急，于是在儿子出门后想方设法撬开了儿子的抽屉，取出儿子的日记。可是，当她翻开日记时，手却像被烫了一般。原来儿子在日记本中夹了一张纸条："妈妈，我料定您会来看我的日记，我瞧不起您！我的烦恼是我自己的事情，您不必管我，我能挺过这一关！"这位母亲追悔莫及，感慨自己低估了孩子的能力，不应该不尊重孩子。

父母虽然给了孩子生命，养育了孩子，但这并不意味着孩子是父母的附属品。孩子是一个独立的个体，他应该受到尊重，也只有受到尊重后，他才可能尊重自己，并可能学会尊重别人，进而成长为一个具有健康人格的人。

孩子不是属于父母的某种"东西"。当父母意识到孩子也是独立的个体，很多时候就会放弃扮演"过来人"的角色，让孩子自己选择。

《读者》曾转载过我的一篇文章，大意如下：

著名漫画家蔡志忠的父亲就很愿意让孩子做他们自己喜欢的事，而不是按照自己的意愿设置一个目标，逼孩子去达到。蔡志忠上中学时，大部分时间都沉迷于漫画世界，多门功课不及格，甚至面临留级的命运。当时，台北的一家漫画出版社邀请蔡志忠去画漫画。蔡志忠不知道父亲能否同意自己放弃学业。

一天晚上，父亲像平时一样坐在藤椅上看报。蔡志忠忐忑不安地走到父亲身后，轻声说："爸，我明天要到台北去画漫画。"父亲没有抬头，边看报边问："有工作了吗？""有了！""那就去吧！"这一问一答中，父亲一动也没动，继续看他的报，蔡志忠也没走到他的面前。

或许，蔡志忠和他父亲当时都未曾想到，这短短十来秒对话，却成了影响蔡志忠一生的最重要时刻。如果当初父亲一定要让他留在学校接受留级的命运，他日后还可能因为漫画而闻名全世界吗？

反观我们身边却有很多父母以"爱"的名义不断地伤害着孩子。有很多父母把孩子当成工具，来实现他们未完成或者不可能完成的梦想。他们"重视孩子"只是表面的，实际重视的往往是他们自己：

重视孩子学习、希望孩子出人头地，往往是重视自己的虚荣；

重视孩子成长、希望孩子完成自己未圆的梦想，往往是重视自己的愿望；

重视孩子将来、认为"我是在为你好"的时候，往往是重视自己的判断；

重视孩子是不是"听话"、是不是"守规矩"，往往是重视自己的权威……

把孩子看成独立的个体，在尊重孩子的基础之上爱他，才会让孩子成为真正的自己。孩子的童年不会重来，把孩子当成自己的附庸，强迫孩子去做他不喜欢的事情，会让孩子只知道听从大人的意愿，渐渐失去自我，而这将会成为教育最大的失败。

关于尊重孩子，我有以下几点建议。

- **把孩子当作家庭中的一个平等成员**。父母要改变那种支配一切、指挥一切的错误观念。时刻牢记这一点，父母对孩子的教育会顺利得多，亲子关系也会融洽得多。

- **多问孩子的想法**。人与人之间是有差异的，别人家的孩子喜欢做的事情，自己的孩子未必会喜欢，因此不要强迫孩子去做这个、去学那个，关键是要符合孩子的实际情况，要孩子自己愿意做。父母可以培养孩子的兴趣，但不能强逼孩子。选择也是孩子的权利之一，父母遇到与孩子相关的事情时，要学会和孩子商量，让孩子选择自己喜欢的活动，而不是根据父母的爱好兴趣做选择，因为那样很容易使孩子丧失个性。

- **学会控制自己的情感、情绪**。父母爱孩子是天经地义的，但也不能信马由缰，走向极端。面对孩子，父母要学会自我控制，保持理智，保持清醒的头脑。即使是在十分生气的情况下，也要问一问自己：到底是孩子的错，还是自己的错？父母如果情绪失控，势必会影响孩子的情绪，很容易导致家庭教育走向失败。

建议2：鼓励大于一切教诲

自信是人格的核心，自卑是成长的毒药。任何的教育都必须重视用怎样的方法建立孩子的自信心。

2000年7月25日的《北京青年报》报道了周婷婷的故事：

周婷婷是中国第一个少年聋人大学生，16岁就破格被辽宁师范大学教育系录取了。她从小就失去了听力，曾是个全聋全哑的小女孩。在父亲的耐心指导下，周婷婷6岁时，已认识了2000个汉字，还学会了看口型与人交流，能说出一口流利的普通话，并和正常人一样走进了校园；8岁时，周婷婷创造了一项吉尼斯世界纪录——背出圆周率小数点后1000位数字；10岁时，她与爸爸合写出了12万字的童话故事《从哑女到神童》；1997年，她又被评为"全国自强模范"；1998年，她还主演了取材于两个残疾姑娘的真实故事影片《不能没有你》。

我们难以相信一个聋哑孩子能够和正常人一样生活、学习，甚至做得更加出色，而周婷婷的确做到了。这个故事就是后来风靡全国的赏识教育模式，周婷婷的父亲周弘也成为"家教明星"。无论怎样，赏识教育的逻辑起点是正确的，即在鼓励中帮助孩子自信，建立自我。

孩子只有从成功中获得快乐，才有可能继续努力。一旦失去了对成功的渴望，就会不思进取，甘于落后。父母多多鼓励孩子，才能让孩子体验到成功的快乐，从而激发孩子积极进取的潜在力量。

《世界教育艺术大观》中有一个这样的故事：

世界一流的小儿神经科医生弗雷德上小学时，是大家眼里的笨学生，甚至连最简单的2加上2等于几都弄不清楚。然而，到五年级时，他遇见了改变他一生的墨非老师。

在一次课后，墨非老师叫住了他，让他重做考试试卷。当他回答完后，墨非老师兴奋地对他说："你都答对了！我就知道你都能答对。"从此，墨非老师不仅经常教给他一些新的学习方法，还总是寻找适合的机会对他说："你很聪明，我的孩子，我知道你将来一定会前途无量的，我对此充满了信心。"

从那以后，弗雷德就下定决心，不辜负老师的期望。他渐渐地发现了自己的优点，自信心得到了恢复。同时，他也有了自己的理想：成为一名著名的医生。

墨非老师的鼓励改变了弗雷德的一生，让他对未来充满信心和希望。

老师可以通过鼓励改变一个学生，其实父母也可以这样对待孩子。可是，有些父母很吝啬对孩子的赞赏，当孩子满怀信心地作出一个决定时，听到的却是一种十分怀疑的语气："你行吗？"孩子的心灵很脆弱，这无疑是给孩子的自信心以莫大的打击。也许孩子的天赋就这样被父母扼杀了。

周弘先生曾说过："哪怕天下所有的人都看不起我的孩子，我也要眼含热泪去拥抱她、欣赏她，为这个生命自豪。"这是一个伟大父亲的经验之谈。我们也应该对自己的孩子说："你是最优秀的。"

关于鼓励孩子，建立其自信心，我有以下几点建议。

- **培养孩子的自信心，让孩子发现自己的能力**。有些父母在孩子没有达到自己的期望时，不是安慰他，而是说一些很刺耳、很难听的话，本来是想激励孩子，可有时候却适得其反。孩子有可能就会因此而丧失自信心，觉得自己的确很差劲。孩子的自信心是需要培养的，父母需尽量对孩子多说一些鼓励的话，比如，"没什么，只要继续努力，总有一天你会成功的"。

- **让孩子感受成功的乐趣**。如果父母总让孩子努力，却不让他们感受到成功的乐趣，孩子就会因为没有动力而懈怠。实际上，父母可以针对孩子的实际情况，把教育目标定在孩子力所能及的范围内，让孩子常常能感受到成功所带来的快乐。

- **经常鼓励孩子，并给予切实的帮助**。父母只要是个有心人，就一定能发现孩子的长处。抓住适当的机会，对孩子进行一番鼓励。此外，孩子还需要父母用实际行动来帮助他们，而不是虚伪地讲些空话。

- **深入孩子的内心，与孩子做朋友**。每一个孩子都希望能与父母交流，把所思所想都说给父母听。可是父母责骂、训斥、不理解的态度，关闭了与孩子交流的大门。但只有了解了孩子，才能对他们"对症下药"。因此，我们应当转变态度，可以与孩子多聊聊天，像朋友一样和孩子说说心里话。

建议3：保护孩子的好奇心

孩子常常会指着那些新奇的东西，问这是什么，那又是什么，为什么会这样……，这些让他们表现出极大兴趣的新奇事物，很有可能就是我们习以为常的东西。

可不能小看孩子们的这些奇思怪想，这中间往往蕴藏着不可预测的潜能。我在研究北大、清华学生的学习动力时，发现所有的动力原型都是对知识的新鲜感，即好奇心，好奇心是人获得智慧的关键。保护孩子的好奇心，就是保护孩子的未来幸福。

好奇心是孩子们的天性，也是他们敢于探索新知，敢于创新的动力。创造精神就像是一双巨大的翅膀，能带着孩子在知识的天空里展翅高飞。父母可从保护孩子的好奇心开始，培养他们的创造精神。

有这样一个故事：

世界上第一架飞机的发明者莱特兄弟，小时候是一对富有好奇心的孩子。有一次，兄弟俩在大树底下玩，两人产生了爬上树去摘月亮的想法。结果，当然不仅没有摘到月亮，反而把衣服都钩破了。他们的父亲见此情况，不仅没有责骂他们，而是耐心地开导他们。

在父亲的引导下，兄弟俩日夜为制作能骑上天的"大鸟"而努力。这期间，父亲不失时机地买了一架酷似直升机的玩具送给他们，这更加激发了他们对制造升空装置的浓烈兴趣。他们不断地学习升空技术方面的知识，翻阅了大量有关飞行的资料。在父亲的鼓励下，经过多次试验，兄弟俩终于发明了世界上第一架飞机。

孩子由于好奇自然会提出些问题，可是有些父母会对孩子说："问这么多，烦不烦？"也许，孩子的好奇心就在父母的不断喝声中被毁灭了。其实，我们也可以像莱特父亲那样，注意倾听孩子的问题、想法，尊重孩子的观点，积极地引导孩子的好奇心，培养孩子独立思考、探索新知的能力。这样，孩子就能在不断地发现和思考中增强创新能力。

好奇心，能够激发孩子的学习欲望和热情。

著名教育家陈鹤琴曾说过："好奇动作是小孩子获得知识一个最紧要的门径。"

强烈的好奇心能使孩子产生学习的兴趣。孩子只有对学习产生了兴趣，才能从学习中体验到快乐，才会热爱学习，并主动学习。

诺贝尔物理学奖得主、美国加州理工学院物理系教授查德·费曼天生好奇，自称"科学顽童"。他十一二岁就在家里设立了自己的实验室，在那里自己做马达、光电管这些小玩意，还用显微镜观察各种有趣的动植物。当他到普林斯顿大学念研究生的时候，他仍然保持着这样的好奇心。

他还在其著作《别闹了，费曼先生》一书中讲述了自己在念研究生时发生的一件事。为了弄清蚂蚁是怎样找到食物，又是如何互相通报食物在哪里的，他着手做了一系列实验，如放些糖在某个地方，看蚂蚁需要多少时间才能找到，找到之后又如何让同伴知晓；用彩色笔跟踪画出蚂蚁爬行的路线，看究竟是直的还是弯的。正是这些实验使他知道蚂蚁是嗅着同伴的气味回家的。

由此可见，费曼先生在物理领域取得的巨大成就与他强烈的好奇心不无关系。父母要想使自己的孩子也对学习产生兴趣，就应该保护孩子的好奇心，鼓励他们在满足好奇的过程中获取知识。

好奇心是孩子的天性，是值得父母珍惜的。当孩子对新奇的事物提出问题时，我们要认真地倾听，并加以引导，尽可能地让他们自己寻找答案。

父母怎样做才是真正保护孩子的好奇心呢？我有以下几点建议。

- **鼓励孩子细心观察生活，大胆地提出问题**。日常生活中，有许多新奇的事物吸引着孩子。父母可以引导孩子从小事、小细节中受到启发，引发更深层次的思考，并鼓励孩子勇于发现问题。

- **时常和孩子讨论问题，尊重孩子的观点**。父母可以在与孩子闲谈的过程中，把闲谈深入一步，转为对某一问题的讨论。讨论的话题应该是孩子感兴趣的。在讨论时，不能把自己的观点强加给孩子，毕竟，孩子也有自己的想法，有自己的思维方式。

- **让孩子自己探索问题**。有的父母只是注意丰富孩子的知识，不厌其烦地回答孩子提出的问题，这样一来，就会使孩子不能很好地开动脑筋、积极思考。父母应该鼓励孩子开动脑筋，认真思考，查阅相关书籍和资料，自己寻找问题的答案。

- **经常与孩子参加户外活动**。父母可以和孩子多逛逛游乐园、动物园，等等，户外活动更容易引发孩子的好奇心，是培养孩子创造精神的好环境。

建议4：别把孩子的特点当缺点

　　每个孩子都有各自的特点，就像世界上没有两片相同的树叶那样，世界上没有两个完全相同的孩子。有的孩子好静，有的孩子好动；有的孩子爱学，有的孩子贪玩；有的孩子内敛，有的孩子活泼……，这些都是孩子各自的特点。

　　可是，我们往往会给那些好动、贪玩的孩子贴上坏孩子的标签。教育的一个重要原则就是重视差异性，差异性使整个世界文明得以发展。重视差异性具体而言，就是别把孩子的特点当缺点。父母应该及时发现孩子的特点，并加以引导，使孩子的成长更加健康。

　　家长张港在这方面就有成功的经验：

　　张港的孩子非常厌学，老师、家长、班干部三结合，采用种种手段全部无效。某天，张港惊讶地发现孩子居然在看书，还看了两个多小时。于是，他偷看了一下，发现孩子在看一本关于古钱币的小读本。他灵机一动，决定从此处下手，马上就给孩子讲了几个关于古钱的趣事。孩子过生日时，张港特意送给他几枚古币，以后又有意识地给他一些零花钱，孩子都攒着买铜钱和书了。渐渐地，孩子看一些课内书了，成绩也在上升，还立志要考大学学古钱。孩子一点一点地进步，最终考入了重点大学的历史系。

　　从班上学习成绩最差的学生到名牌大学的学生，这一转变是父亲根据孩子的特点因势利导的结果。假如这位父亲不是引导孩子，而是严厉地责骂、无情地否定，这个孩子还可能成功吗？有些父母在发现孩子的特点后，就加以严厉地管教。这样，孩子反而会产生逆反心理，越是父母想让他们做的，他们偏不做。所以，只有根据孩子自身的特点，才有可能找着他们正确的成长道路。

　　承认每一个孩子都有特点，才能正确地理解孩子，增进亲子关系。

　　我们常常感叹现在的孩子太难管教了，有的孩子居然敢公然对抗父母。感叹的同时，我们更应当反思自我：我了解孩子吗？我尊重孩子了吗？我知道孩子在想什么吗？

不尊重孩子，就不能正确地看待孩子的特点，教育就可能出现问题。孙云晓教授在《教育的秘诀是真爱》中提到的一个故事就证明了这一点：

有个小男孩长得虎头虎脑，憨厚淘气，非常可爱。可他却是一个在学校里出了名的"坏孩子"。他在幼儿园的时候就是一个淘气的孩子，因为好动，每天在教室里跑来跑去，常常撞倒其他孩子，老师经常批评他，并且还叫其他的小朋友离他远点。有一天，老师竟然当着全班同学的面批评他，还说他是"寄生虫"。直到小学，他还是别人眼里的坏小孩。他曾经在一篇日记里写道："坏孩子怎么努力也变不成好孩子，这种感觉真让我觉得像冻冰棍似的那么冷。我真是坏孩子吗？可我实在不想当坏孩子！"

这篇日记道出了一个孩子真实的心声。老师没能理解孩子，没有尊重孩子的特点，对孩子的心灵造成了伤害。

有些父母也这样，一旦孩子不符合好学生的标准时，就认为一定是孩子做错了，不问青红皂白就责骂、批评孩子。他们根本没有了解孩子，不知道孩子内心的真实情况，只是用成年人的思维方式来判断孩子的行为。

如果没有了解作为基础，父母和孩子之间就会产生一道阻隔双方交流的无形的墙，融洽的亲子关系就只能是奢望。

作为父母，我们首先要树立正确的教育观，承认每一个孩子都有自己的特点，并尊重孩子的特点。

北京市第三幼儿园张菁老师班上有一位名叫赵姗的小朋友，她特别不爱说话，非常内向，做事情时动作也极其缓慢。有一次，张老师请她把《萤火虫找朋友》的故事复述给伙伴们听，她明显地表现出胆怯。张老师问她："故事听明白了吗？"她摇摇头，其实这个故事大家已经听了许多遍。张老师知道这是姗姗羞于在众人面前说话的原因，于是在她耳边轻轻地说："你不愿讲没关系，晚上你把故事磁带拿回家，再仔细听听……"第二天，姗姗的父亲拿来磁带，说姗姗愿意将自己讲的故事放给大家听。

读完这个故事，你有什么感受呢？如果张老师鼓励姗姗复述故事，孩子可能会更加害怕，由于说不好故事，又会越发自卑。而张老师采取了巧妙的教育方法，尊重了孩子的特点。如果我们父母能从正确的教育观出发，尊重孩子的特点，就会发现自己的教育方法更加有效、更加艺术。

父母要接受孩子的独特之处，给孩子更多的尊重和信任，用心去发现孩子的特点，培养孩子的特点。

怎么做才是尊重孩子的特点呢？我有以下几点建议。

- **用心去发现孩子的特点**。有些父母认为只有成绩好的孩子才会有出息。三百六十行，行行出状元。有的孩子并不喜欢读书，如果一味强求，也很难有大的改观。因此，在平时，父母应该多多观察孩子，看看他对什么最感兴趣，在哪些方面有天赋，及时地发现孩子的特点。

- **承认差别的存在**。每个孩子的性格和特点都是不同的。许多父母喜欢把自己的孩子跟别的孩子进行比较，而且总拿自家孩子的短处跟别的孩子的长处相比。这样做实际上是忽视了孩子之间的差异。父母应当承认孩子之间的差异，帮助孩子取长补短。

- **把孩子的特点变成特长**。父母发现孩子的特点后，不要打击和压制它们，可以针对这些特点，引导孩子不断地发挥与运用，鼓励孩子将自身的特点变成特长。

- **与孩子多交流**。有些父母并不了解自己的孩子，不知道孩子在想些什么，最喜欢做的事情是什么，常常用自己的想法来代替孩子的想法。父母应利用各种机会与孩子进行心灵的沟通，只有了解孩子内心的想法和喜好，才能更好地理解孩子，尊重孩子。

建议5：蹲下来和孩子说话

父母能在家庭中创造一种平等民主的空气，这是孩子的幸运。在这样的家庭里，孩子会觉得父母是自己的朋友，而不是高高在上的权威。

我们知道，只有两头高度差不多，水才有可能在中间的管道里来回流动，如果一头高，一头低，水就只能往一个方向流了。孩子与父母的交流也是相同的道理，蹲下来和孩子说话，父母与孩子才有可能平等地交流。

美国精神病学家威廉·哥德法勃曾经说过："教育孩子最重要的是，把孩子当成与自己人格平等的人，给他们以无限的关爱。"无数事实也表明，父母以居高临下的姿态来关心孩子，反而会使孩子产生逆反心理。只有父母转变姿态，像对待朋友那样去关爱子女，才有可能让孩子感受到平等。

康女士就很聪明，她是这样跟孩子交谈的：

有一天，女儿颖颖回家晚了，妈妈帮女儿拿下肩上的书包，陪女儿吃饭，告诉女儿这是特意为她准备的。妈妈告诉颖颖，她已在窗口看了很多次，盼着颖颖回来。颖颖说，她陪同学买东西去了，所以回来晚了，并向妈妈道歉。妈妈说："孩子，妈妈知道你是一个有责任心的好孩子，相信你不会惹麻烦，但妈妈牵挂你，担心遇到交通方面的问题或别的什么事情。以后，最好先打电话回来说一下。"颖颖高兴地亲了一下妈妈："妈咪，你真好！"

康女士从孩子的角度出发看待孩子的过失，使孩子能感受到母亲对她人格的尊重，感受到她与母亲在地位上的平等。在我们周围，有许多父母喜欢用成人的思维方式来看待孩子的行为，孩子稍有失误，就对孩子进行指责和批评，这是不科学的。

孩子本身就是一个独立的个体，有自己的思想、自己的人格和尊严，他们都希望父母能够给予他们尊重和平等。父母只有和子女站在同一水平线上，孩子才有可能感受到平等。

蹲下来和孩子说话，是增强孩子独立意识的有效方式。

没有哪个父母不为孩子的将来着想，可很多父母往往扮演着过来人的角色，对孩子事事进行"专政"，认为孩子应该对父母言听计从。然而，这不平等的方式却妨碍了孩子的健康成长。

有一对西方的夫妇周末要单独外出，但是要说服年幼的孩子安心在家等候是一个大难题。我们看看这个父亲是怎么做的：

他先蹲下身来，取得和孩子同样的高度(甚至有点仰视)，然后，一本正经地同孩子谈判：

"先生(他称自己的孩子为先生)，妈妈陪伴了你整整一周，是不是应该轻松一下？"

"是的。"孩子点点头。

"我是否也应该有这种荣幸，让她陪陪我，顺便也轻松一下呢？"

"那好吧。你什么时候还给我？"

"嗯……你上床以前，"父亲想了想说，"如果你能说服阿姨允许你晚睡的话。"

"好，你把她带走吧。但你要答应我照顾好她。"

"交给我好了。顺便说一句，宝贝儿，我为你骄傲。谢谢！"

这个孩子在与父亲的交谈中，人格得到了尊重，自尊心得到保护，他感觉到自己已经是个大人了，因此控制住自己的情绪，不让父亲失望。

有的父母在所有的事情上为孩子包办代替，有的父母在孩子表现出独立意识时却一味指责孩子任性、执拗、不听话，这不仅会引起孩子的抵触、与父母发生冲突、伤害感情，而且会压抑孩子的独立性，使孩子变成依赖性很强的低能儿。

孩子希望父母能和他们交流，希望父母不是以高高在上的姿态，而是以一种平等的方式进行朋友式沟通。只有平等，才能使孩子敞开心扉，与父母坦诚相待；只有平等，才能让孩子健康地成长。

父母怎样才能真正做到平等地和孩子说话呢？我有以下几点建议。

- **在和孩子说话时，注意用语**。有些父母与孩子说话的时候，常常使用命令的语气，像"你为什么不……""你赶快给我……"难免让孩子产生逆反心理。每当父母发现孩子缺点的时候，可以给出一些委婉的建议，像"如果""不妨""试一试""或者"等，还要注意不能说伤害孩子感情的话。

- **定时召开家庭会议**。在家庭会议上，父母可以鼓励孩子说出心里的想法，让孩子和成年人一样参与家庭讨论。虽然有时有些事务与孩子没有关系，但成年人可以和孩子说说自己内心的感受，让孩子和你一起分担。

- **给孩子更多的主动权**。父母可以给孩子更多的主动权，但并不是说，什么事都要孩子去面对，而是让他感受到他是一个独立的个体，他也能得到父母的尊重。这样，不但能增进父母与孩子的感情，还能增强孩子的独立意识，使孩子健康成长。

- **回想自己的童年**。每一个父母都曾经有过童年，也有过不被大人理解的岁月。回想自己小时候最希望得到的是什么，最喜欢做的是什么，我们的孩子也是这样的。

建议6：玩是孩子的天性和权利

父母生怕孩子落后于人，又是请家教，又是让他们参加各种各样的培训班。孩子每天晚上十一点前别想睡觉，连双休日也被安排得满满的。有的孩子只有十来岁就已经考取了好几十种证书，这样的孩子已经被无情地打磨成了一台学习机器。

事实上，玩是孩子的天性，是孩子的权利。联合国《儿童权利公约》规定："儿童有权享有休息和闲暇，从事与儿童年龄相宜的游戏和娱乐活动，以及自由参加文化生活和艺术生活。"由此可见，玩对孩子是多么重要。

玩是孩子的天性。父母在孩子的学习中融入娱乐，必然会事半功倍。孩子在快乐的时候，最易于开放思维，接受新事物。

家长王龙君就巧妙地抓住了孩子的这种特点：

孩子害怕写作文，每次老师布置完作文题，他就愁眉苦脸、抓耳挠腮。有一天，他又坐在桌子前苦思一篇作文，王龙君凑上前一看，才写了一个作文题目"有趣的一件事"。他想了一会儿后，对孩子说："走，我们去玩。"孩子听了十分高兴，马上与父亲准备工具一起去捉黄鳝。孩子按照父亲的方法，好不容易捉着一只大黄鳝，兴奋得眼中放光。有了亲身的体验，孩子马上就很自如地写出了一篇饱含真实情感的作文。

通过一次亲身的体验，孩子写出了文采飞扬的作文。其实，世界上的一切事物都是相互联系的，学习活动与整个社会活动都是有联系的，我们不能把它与生活、娱乐等相割裂。热爱学习的孩子，也热爱生活，也喜欢玩。父母可以多采取一些寓教于乐或寓乐于教的方式，让孩子多元化地吸取新知识。

玩是缓解孩子压力的最佳途径。

现代社会的竞争越来越激烈，孩子的学习压力也越来越大。如果不会休息和放松，孩子精神上的弦绷得太紧，就可能造成各种心理障碍和心理疾病。

在《改善亲子关系的方法》一书中，有这样一个案例：

初二学生小松是个活泼好动的孩子，父母工作忙经常出差，由爷爷奶奶来"管理"小松。可小松不服管，放学后经常跑出去玩。后来，爷爷天天接送小松上下学，而且放学回家后就把他锁在屋里，不许他出门，可是小松的学习成绩反而下降了，父母只好带小松去咨询心理医生。心理医生建议让小松自由安排自己的作息时间，但每天必须保证八个半小时的睡眠。后来，小松按照调整了的作息时间进行学习和生活，有了适当的玩耍时间，学习成绩迅速提高，初三时他的学习成绩已经在班上名列前茅了。

很多父母为了孩子能够成龙成凤，尽量地减少孩子的娱乐时间，让孩子有更多的时间学习，可结果有时却恰恰相反。我们发现，许多发生各种心理障碍和心理疾病的孩子大多是因没有适当的娱乐时间所致。因为，玩最能释放孩子的压力，最能放松孩子的心情。

为了培养孩子成才，有些父母常常限制孩子玩，即使允许孩子玩，也得是与学习相关、对学习有益的活动。孩子的整个生活就都围绕学习这个中心了。要知道，玩也能使孩子成才。

我们来看看《怎样培养习惯》一书中这个"玩"出人才的故事：

有个孩子从小特别喜欢玩电子游戏机。其父母认为太耽误学习，也影响身体，可孩子仍旧钟情于电子游戏，父母的各种劝说和阻挠也无效。孩子的游戏越玩越精，成了同龄人中的高手。

孩子大学毕业时，同时被几家国外大公司选中，并许诺高薪聘用。一天，孩子在聊天中透露：各大公司争相聘用他的原因就是他的游戏机"玩"得太好了。他不但能玩市场上已有的各种游戏机，还能"玩"正在设计中的最新游戏或软件，并能提出改进、完善和发展新的游戏软件的思路和构想。而各大游戏软件公司缺的就是这种既有专业知识，又有"玩"游戏经验的人才。

我们并不提倡无限制地玩。有些孩子因迷恋网络而无法自拔，最终走上了犯罪的道路；有些孩子整天东游西荡，惹是生非，学习一塌糊涂……，孩子因为缺乏自制力，无法控制自己的行为，父母可以对孩子的行为活动进行必要的指导和帮助。

玩对孩子的学习是有帮助的，它同时也是孩子认识世界、了解世界的一种重要方式，更重要的，它是孩子的天性。就像孩子们要吃饭穿衣一样，他们也需要玩。但不能否认，有些玩对孩子的成长没有益处。父母应该尊重孩子玩的天性，但在必要的时候给予指导和帮助。

父母应该如何尊重孩子玩的天性呢？我有以下几点建议。

- **了解孩子的兴趣**。孩子喜欢玩的东西往往与他的兴趣有关。父母可以通过观察孩子的行为，了解他们的兴趣爱好，经常与他们交流。这样，就可以在与孩子玩的时候，对孩子进行指导和帮助。

- **鼓励孩子和别的朋友一起玩**。父母不可能整天陪着孩子，没有那么多的时间，但是可以鼓励孩子和别的朋友一起玩。孩子们有共同的语言和爱好，因此他们也很乐意一起玩。在和别的孩子玩的过程中，父母可以教给孩子一些怎样与人和睦相处，如何处理临时冲突等知识。

- **与孩子共同制定作息时间**。有的父母是按照自己的意愿给孩子制定作息时间的，孩子无法实行或者根本就不愿意实行。父母应该注意让孩子参与到制定过程中，因为孩子最了解自己，只有他最清楚自己能否做到。

- **玩和学要结合**。有些父母总希望孩子学习，一看到孩子在玩就特别不高兴，甚至出面制止。这并不是明智的做法，因为孩子有可能会因此而产生厌学情绪。父母可以常常带孩子出去玩一玩，或者让孩子和别的孩子一起玩，不要让孩子长时间连续学习。

建议7：大自然是最好的老师

人是大自然中走出来的。长期远离大自然，我们的很多天赋与灵感，甚至生存智慧都日渐衰微了。很多哲学家认为，万事万物的规律正是人类寻求自救的基本途径，因此，效法自然，回归自然，应是教育的一种大智慧。从这个意义上说，在体验自然中成长，是孩子走向健康人生的活动保障。

在城市中长大的孩子，由于远离大自然，往往对大自然中的事物一无所知。而他们的父母认为只要学习好就行，其他方面差点也没关系，能否让孩子去野外接触大自然并不重要，学习才是孩子最重要的任务。事实上，大自然并不像有些父母想的那么无关紧要，相反，它是人们获得聪明才智的源泉，也是培养人们获得生存能力的基地。

善于观察的人会发现，很多成功者都亲近大自然，喜欢大自然，大自然不仅能引起他们的好奇心，增强他们的想象力，更能激发他们的创造性：

牛顿尚未出生父亲便已病逝，母亲生下他就改嫁了，因此，他无人管教。牛顿小时候，整天在野外跑呀玩呀，在大自然中无拘无束的生活使他能与各种各样的自然事物相接触，并从苹果落地中发现了万有引力。达尔文在少年时代就整天在大自然中玩耍，认识了各种各样的昆虫，由此对小虫子产生了浓厚的兴趣，这种兴趣最终促使他成了一位伟大的划时代的生物学家……

在大自然里也能学习，而且能学到书本上无法找着的东西，活生生的事物要胜过死板的文字。与大自然的接触不仅会加深孩子对事物的认识，还会激发孩子的想象力和对学习的兴趣。

让孩子多接触大自然，还能增强孩子的求生能力。

每一位父母都想保护好自己的孩子，希望孩子能在自己的精心呵护下健康成长，却很少想过要让孩子多接触大自然，让他们增强野外生存能力。

远离大自然可能会使孩子失去基本的生存能力和求生技能，有这样一个令人痛心的故事：

初秋时节，一群高二的学生来到了一个蓄水湖。午后的太阳很毒，当活动告一段落后，大家都热得汗流浃背了。这时有人提议去游泳，得到不少男生的赞同。有几个男生脱下衣服就扑通扑通跳下了水。岸上有一个男生在犹豫着，他刚喝了点啤酒，由于酒量不大，早就已经面红耳赤，全身发热了。当他看见别的同学下水游泳时也很想下去，虽然他明白自己的水性并不太好，不过没有犹豫多久也跳了下去。大家玩得很愉快，但过了一会儿，这位同学竟然独自一人游到远离人群的地方，溺水了。由于他离人群太远，没人能听到他的呼救声，就这样溺水身亡了。

这位同学犯了一个致命的错误：酒后下水，又不谙水性，是随时会溺水的。孩子们平时很少接触大自然，在大自然中遇到困难时，不会寻找解决办法，自我生存能力很差。如果这位同学有一点这方面的常识，也不会造成这样的悲剧。

有许多父母严格地限制着孩子，平时把孩子关在家里，生怕孩子在外面摔着磕着，孩子的娱乐活动只限制在家中，以为这是对孩子负责，是对孩子好。可是，没想到就是这样的呵护造成了一幕幕的悲剧。我们不能保护孩子一辈子，但是我们可以培养他适应社会的生存能力。只有具备了基本的生存能力，孩子才有可能平平安安。

远离大自然不仅使孩子的想象力、创造力受到制约，还会使孩子丧失基本的生存能力。学习不是孩子唯一的任务，孩子还需要生活。父母要想孩子健康成长，应尽量让孩子多接触大自然。

如何让孩子走进大自然，接触大自然呢？我有以下几点建议。

- **陪同孩子去郊游、旅行。**父母可以在放假的时候，陪同孩子多去一些自然风景区，感受大自然的气息。在和孩子游玩的同时，告诉孩子一些有关自然的基本常识以及突发意外事故的解决办法，并增强孩子的环境保护意识。

- **多学习有关自然的知识。**父母也要注意经常学习一些自然知识、生活常识，这样在带孩子去野外的时候，就能自如地回答孩子的问题。

- **鼓励孩子和别的朋友参加野外活动。**孩子和同伴们在一起能够更加放松。父母可以鼓励孩子和别的朋友一块参加各种各样的野外活动，如夏令营、野炊、郊游，这些都是很好的锻炼机会。

- **大胆放手，相信孩子的能力。**有些父母不放心自己的孩子单独出去，害怕孩子会磕着碰着，害怕孩子会被坏人拐骗，害怕孩子会迷路……其实，这是不必要的担忧。因为孩子不可能一生都生活在父母的庇护之下，只有教会了孩子生存的方法，才可能让孩子的一生平平安安。为了锻炼孩子的生存能力，父母要大胆地放手，相信孩子能够做好。

- **让孩子参加与农村孩子"手拉手"的活动。** 在农村最能学到自然生活常识，父母可以鼓励孩子参加"手拉手"活动，和农村的孩子结成对子，到农村体验生活。

建议8：让孩子拥有自己的朋友

在成长过程中，孩子是需要朋友的。俗话说："近朱者赤，近墨者黑。"父母对孩子的朋友都比较重视，一般都希望孩子的朋友是品学兼优的好学生，可以给孩子带来有益的影响和帮助。

可是，有时父母会发现，孩子交往的朋友不一定都能令自己满意。

有些父母喜欢按照自己的意愿要求孩子去选择朋友，这给孩子带来了一定的心理压力，甚至还会引起孩子的逆反心理。怎样引导孩子正确择友呢？这个问题一直困扰着许多父母。

其实，最关键的是父母要转变态度，让孩子拥有自己的朋友，尊重他的选择，而不是用挑剔的眼光来衡量他们。这样，孩子自然也就会接受父母的帮助和指导。

孙云晓教授曾在央视《百家讲坛》中讲到，让孩子拥有自己的朋友比拥有好的学习成绩重要。

孩子有了自己的朋友，他才会有更多的生活体验，学会如何与人相处，如何关心和帮助他人，如何解决与他人的矛盾，如何向别人学习……，这样孩子才能从中获得交往的快乐，也才能有健康的人格。

没有朋友的孩子可能会出现各种各样的问题，严重的还可能像《好的关系胜过许多教育》中提到的王晓龙那样，陷入犯罪的深渊：

有个学生名叫王晓龙，学习成绩非常好，曾拿了全国中学生化学奥林匹克竞赛第一名，因而被保送到北大化学系。在他读大学三年级的时候，因犯故意杀人罪被判处有期徒刑11年。

他从小就只知道学习，不会交往，没有朋友。到大学三年级后，他发现没有朋友很难生活。但交朋友是需要学习的，他不会。他就和同宿舍的一个男同学形影不离，两个男生天天在一块儿，别人觉得很奇怪，于是议论纷纷。后来，那个男生就不和他来往了。他很生气，要报复那个男生，搞来一种剧毒的化学物品——铊，投放到那个男生的牛奶杯中……

王晓龙是一个学习特别勤奋的孩子，为什么会犯下故意杀人罪呢？他的父母有没有问题呢？他的父母并没有意识到孩子缺乏朋友的危险性，没有意识到孩子有心理上的障碍。

有些父母喜欢干涉孩子的交友，以致孩子很难交到朋友，甚至没有朋友。在这个合作的时代里，没有人能离开群体，离开人际交往。孩子也是如此。没有朋友的孩子，其内心势必会产生对友谊的渴望，行为上的孤僻与内心中的渴望容易造成孩子性格的扭曲。只有孩子拥有了自己的朋友，他才可能有健康的人格。

孩子作为一个独立的个体，他有自己选择朋友的权利。但这并不是说孩子无论交什么样的朋友都可以，还是有一个度的，父母应当适时地把握这个度。

我在《好父母》一书中，提到这样一个故事：

佛罗里达一个10岁的男孩捷森与一个叫罗伯特的男孩是好朋友，经常到对方家去玩。罗伯特的父母从不约束孩子的行为，他们常常恶作剧，往经过的汽车下扔鞭炮。有一次，捷森去罗伯特家玩时，发现罗伯特的爸爸有一个没上锁的抽屉，里面全是枪。捷森有些害怕，于是就告诉了母亲。母亲其实也很喜欢罗伯特，但为了孩子的前途着想，禁止孩子再去罗伯特家玩了。

物以类聚，人以群分。父母对孩子交友的担忧不无道理。试想，捷森的母亲如果不阻止孩子与罗伯特的交往，后果将会怎样？孩子由于年龄小，分辨是非的观念不强，需要父母的及时指导。对待孩子的交友问题，最好是尊重孩子的选择，让孩子拥有自己的朋友。父母不能以自己的意愿来强求孩子选择朋友，也不能对孩子的交友放任不管。只要孩子的朋友品质上没有问题，父母就不应该干涉他们的交往。

如何真正让孩子拥有自己的朋友？我有以下几点建议。

- **鼓励孩子进行正常的交往，多交朋友，包括异性朋友**。父母可以鼓励孩子和其他的孩子交朋友，交一些与自己个性不同的朋友，比如胆大的就可以找胆小的，内向的就可以找外向的，形成优势互补。父母也要注意不排斥孩子交一些异性朋友。

- **尊重孩子的朋友**。有些父母喜欢按照自己的意愿、喜好去限制孩子的交友，这对孩子并没有益处。孩子是一个独立的个体，有自己选择的权利。父母要放下交友的分数标准，只要孩子的朋友没有品质上的问题，就不要干涉孩子的交友。

- **为孩子创造交友的条件**。父母可以把孩子的朋友请到家中来玩，还可以参与到孩子的活动中去。孩子缺乏朋友的时候，可以带孩子一起外出旅行或者一起参加某项活动来扩大孩子的交友范围。

- **重视孩子的交往困难**。孩子与他的伙伴在交往中或多或少会产生一些摩擦。父母在孩子出现不愉快情绪的时候，要注意以关爱的方式去询问孩子。如果孩子真是遭遇到了交往挫折，父母最好能和孩子面对面地坐下来好好谈一谈，讨论什么是真正的友谊，应该怎样解决矛盾等话题，并指导和帮助孩子处理交往中的困难。

第2章
教育必须遵循人的发展规律

建议9：重新认识儿童的"权利"

在现实的教育中，很多父母并不了解儿童的权利，儿童对自己所拥有的权利也知之甚少。那么，儿童究竟有什么权利？父母应怎样认识儿童的权利？

联合国《儿童权利公约》(以下简称《公约》)于1992年4月1日正式对中国生效。按照《公约》的界定，儿童是指18岁以下的任何人。该《公约》共54条，实质性条款41条，其中提到的儿童权利多达几十种，如姓名权、国籍权、受教育权、健康权、医疗保健权、受父母照料权、娱乐权、闲暇权、隐私权、表达权，等等。

在《媒介与儿童教育》一书中，我国著名媒介与儿童教育专家卜卫认为，可将儿童享有的各种权利进一步概括为四种最基本的权利，即

(1) 生存权——每个儿童都有其固有的生命权，并享有可达到的最高标准的健康权和获得医疗关怀的权利；

(2) 发展权——每个儿童有受教育权(包括正规教育和非正规教育)和获得其体能、智能、精神、道德和社会发展的权利；

(3) 受保护权——每个儿童有免受歧视、虐待和忽略的权利。孤儿、难民中的儿童等困境儿童应受到特殊保护；

(4) 参与权——每个儿童有参与家庭、文化和社会生活的权利。儿童有权利就所有影响他们生活的事项发表自己的意见。

应该说，无论是否明确认识了儿童的权利，现代父母对儿童的生存权、发展权、受保护权还是重视的，但多少有些忽视儿童的参与权。为什么这么说呢？

现实生活中，儿童的参与机会太少了。我们可以回想一下，社会上关于儿童的奖项，有几项完全由儿童自己来决定评奖事宜？学校里关于儿童的娱乐活动（如"六一节"），有几项是完全由儿童自己来决定的呢？家庭里又有多少关于儿童的升学、课外活动、购买物品、交朋友、娱乐活动等决策听取了孩子的意见呢？儿童

的很多活动都变成了成人的活动。

关于儿童的参与权，卜卫在《媒介与儿童教育》中也做了详细介绍，她写道：

儿童参与权(Participation rights)是指儿童参与家庭、文化和社会生活的权利。在《儿童权利公约》中，儿童参与权的主要条款是第12条和第13条。

第12条

缔约国应确保能够形成自己看法的儿童有权对影响儿童的一切事项自由发表自己的意见，对儿童的意见应按照其年龄和成熟程度给以适当的重视。

第13条

儿童应有自由发表言论的权利，此项权利应包括口头、书面或印刷、艺术形式或儿童所选择的任何其他媒介，不论国界，寻求、接受和传递各种信息和思想的自由。

她还使用了"参与权阶梯"进一步说明儿童参与权问题，按照参与程度的不同，依次举出了"被操纵""装饰品""象征性参与""通知儿童""事先征询儿童意见""儿童参与决定""儿童决定""儿童邀请成人提出意见并作出决定"这八个阶梯，如图2-1所示(关于"参与权阶梯"，详见《媒介与儿童教育》第78页)。

从第四个阶梯向上，阶梯越高，儿童参与程度越高，越能在参与的过程中不断形成自己的意见，提高参与社会、家庭和文化生活的能力。

图2-1　参与权阶梯

父母的儿童权利意识淡薄，孩子可能"总也长不大"。

我们常常看到，在现实生活中，并不是所有事情都能由儿童做决定的，父母常常以自己的意志代替了孩子的意愿，父母说什么，孩子就去照做。表面上看，孩子很"听话"。实际上这隐藏了种种不为人察觉的危机。久而久之，孩子唯成年人

"马首是瞻"，缺乏主体意识和参与意识，由此亦可能导致缺乏独立思考能力。若干年之后，父母也许会疲惫地感叹"孩子为什么总也长不大"。

举一个简单的例子：很多父母都希望孩子爱读书，这当然是基于好的出发点。然而，也有很多父母在孩子读书的问题上，并不十分尊重孩子的意愿，有的甚至采取了粗暴干预的态度。他们认为儿童文学太幼稚、不真实，读书就是要读名著、啃大部头。有的父母急功近利地把阅读当成提高写作水平的工具，忽略阅读对孩子全面发展、培养健康人格的作用。这样，很多优秀的儿童文学作品被父母无情地挡在了儿童阅读世界的大门外。

这个世界上的确有人在儿童时期就接触了相当多的文学作品，但那仅仅是少数。对大部分的孩子来说，这一类高深的文学作品需要在他们年龄再大一些、思维理解能力更高一些的时候阅读，过早的接触只会让他们失去对这类作品的兴趣，从而导致阅读习惯培养的偏颇。

不难看出，相当多的父母并没有意识到自己稍微不注意便可能代替孩子作出决定，或削弱或剥夺了孩子的权利；而对于少年儿童来说，由于他们知识面的局限，绝大部分人还没有获得清醒的权利意识，所以，盲目跟随父母的节拍前进就变得理所当然。而这是很危险的：父母总是代替儿童作出决定，而儿童自己为自己做决定的潜能就会逐渐消失，父母会反过来埋怨儿童总也长不大。相反，如果总是鼓励儿童参与，儿童的权利被充分尊重，儿童则能充分发挥自己的潜能，成为他自己的主人。

因此，教育者或父母应尽量让儿童对有关自己的事项最大程度地参与，使儿童在参与过程中不断提高自己处理各种问题的能力，逐渐成为一个在个性、才智和身心等方面充分发展的健康的人。

如何认识并真正尊重儿童的权利呢？我有以下几点建议。

- **了解、学习相关的法律法规**。关于儿童所拥有的各种权利，可以通过阅读和学习联合国《儿童权利公约》和《中华人民共和国未成年人保护法》来获得正确的认识，这些法律法规对正确认识儿童的各项权利很有帮助。

- **牢固树立"儿童是与自己平等的独立的个体"的意识**。应深刻地认识到：每个孩子生下来就是一个独立的个体，不是任何人的附庸，他们具有自己的独立人格和尊严，需要受到他人包括父母的尊重。

- **在尊重的前提下爱孩子**。一定要把握一个原则：爱孩子，但不溺爱孩子。溺爱常常酿造悲剧。在尊重孩子的前提下爱孩子，就会有度、有节，而不会泛滥。

- **让孩子自己做决定。**有很多父母总以自己的意愿来代替孩子的意愿，却不知道，孩子也有他自己的想法，所以，最好让孩子自己做决定，让他在参与自身事务的过程中学会处理各种问题。如果真的要帮孩子做决定，也要仔细想一想：孩子到底需要什么？

建议10：教育要抓住"关键期"

1935年，奥地利动物学家、诺贝尔奖获得者洛伦兹(K·Lorenz)发现：在动物早期发展过程中，动物的某一反应或某一组反应在某一特定时期或阶段中最容易获得，最容易形成，如果错过这个时期或阶段，就不容易再出现这样好的"时机"。这个关键的"时机"就叫"关键期"。

人们通过长期的观察发现，在人类个体早期发展的过程中，同样存在着获得某些能力或学会某些行为的关键时刻。在这些时刻里，个体时刻地处在一种积极的准备和接受状态。如果这时能得到适当的刺激和帮助，某种能力就会迅速地发展起来。

人们所熟知的"狼孩"卡玛拉姐妹的悲剧就是十分典型的案例：

1920年10月，在印度加尔各答西南部的一个小村庄里，发现了两只人形动物住在狼洞里。正在当地传教的辛格夫妇历尽艰辛终于抓住了这两只动物，原来是两个女孩，年约八岁和一岁半，姐妹俩被取名为卡玛拉和阿玛拉，并送到孤儿院接受人类的教育。

辛格夫妇以无限的耐心和爱心，想把她们俩培养成正常人。可是，婴儿时代受狼抚养的姐妹俩却改不掉狼的行为。她们用四肢走路，常常向人飞扑过来，白天在屋里睡觉，夜晚大声嚎叫，吃的也是腐肉和活鸡。经过辛格夫妇的艰苦努力，两个月后，妹妹阿玛拉终于说出了"不"字，可惜一年后，她就死去了。姐姐卡玛拉经过3年的培训才能用脚走路，但作出本能反应时仍改不了四肢走路的习惯。直到她17岁死去时，她的智商只有3岁半孩子的水平，只能讲45个单词。人们虽然对她实施了良好的教育，但人应该具备的习惯却始终没能很好养成。

而另一个广为流传的事例又从反面印证了"关键期"对于人的重要性：

1972年，人们在东南亚大森林找到了第二次世界大战时迷失的日本士兵横井庄一。他远离人类，像野人一样生活了28年，把人的一切习惯甚至日本话都完全遗忘了。可是当他获救后，人们只用了82天时间的训练，就使他完全恢复了人的习惯，重新适应了人类的生活，一年后，他还结了婚。虽然他过野人生活的时间比狼孩卡玛拉多了20年，但对他的教育和训练却比对狼孩容易得多。

之所以会有这样的差别，其重要原因就是他没有错过受教育的"关键期"。可见，"关键期"不仅存在于人的身上，而且发挥着非常重要的作用。

儿童智力发展最快的时期叫"关键期"。在这个时期，儿童对外界的刺激特别敏感，容易接受外界信息，其先天潜能发挥得最好最充分，从而容易获得某种能力。抓住"关键期"对孩子进行良好的教育，如同农民不误农时进行播种，能收到事半功倍的效果。

在《世界经典教育案例启示录》一书中有这样一个小故事：

一位英国少妇希望自己的孩子能成才，可她不知道什么时候开始对孩子教育比较好，于是，她抱着自己的孩子去请教伟大的学者达尔文。

"达尔文先生，您是世界上著名的大科学家，请问您，我的孩子什么时候开始教育最好呢？"

"亲爱的夫人，"达尔文瞅了少妇一眼，关切地问，"你的孩子多大了？"

"她还小着呢，才两岁半。"

达尔文叹了口气道："哎，夫人，你对孩子的教育已经晚了两年半了！"

怪不得巴甫洛夫形象地说："婴儿降生的第三天开始教育，就迟了两天。"美国心理学家布鲁姆(B. J. Bloom)通过对近千名儿童追踪研究认为，一个人的智力发展，如果把他本人17岁达到的智力水平算做100%，那么，从出生到4岁就获得50%的智力，4～8岁，又获得30%(达到80%)，其余的20%在8～17岁这9年中获得。由此可见，幼儿在5岁以前是智力发展最迅速的时期。也就是说，3～4岁是幼儿接受早期智力教育的最重要的时机，不可错过。

在儿童成长过程中，某种关键期应视每个儿童的实际情况而定，有的孩子可能出现得早些，另外一些孩子可能会很晚，所以应根据孩子的具体情况对其进行恰当的教育。

相关研究表明，儿童智能发育至少存在着九大关键期，如语言关键期(0～6岁)、秩序关键期(2～4岁)、感官关键期(0～6岁)、对细微事物感兴趣的关键期(1.5～4岁)、动作关键期(0～6岁)、社会规范关键期(2.5～6岁)、书写关键期(3.5～4.5岁)、阅读关键期(4.5～5.5岁)、文化关键期(6～9岁)等。

关于更为细致的划分，这里参考《教育就是培养习惯》一书所引用的国内外近半个世纪的有关研究得出的数据：

- 6个月是婴儿学习咀嚼的关键期；
- 8个月是分辨大小、多少的关键期；
- 2～3岁是学习口头语言的第一个关键期；
- 2.5～3岁是教孩子怎样做到有规矩的关键期；
- 3岁是计算能力发展的关键期(指数数和点数、按要求取物品及说出个数等)；
- 3～5岁是音乐才能发展的关键期(拉提琴3岁开始，弹钢琴5岁开始)；
- 4～5岁是学习书面语言的关键期；
- 3～8岁是学习外语的关键期；
- 3岁是培养独立性的关键期；
- 4岁以前是形象视觉发展的关键期；
- 5～6岁是掌握词汇的关键期；
- 9～10岁是孩子行为由注重后果过渡到注重动机的关键期；
- 幼儿阶段是观察力发展的关键期；
- 小学一、二年级是学习习惯培养的关键期；
- 小学三、四年级是纪律分化的关键期；
- 小学三、四年级，初二、高二是逻辑思维发展的关键期；
- 小学阶段是记忆力发展的关键期，是记忆的黄金时代；
- 初中阶段是意义记忆的关键期。

著名教育家蒙台梭利曾经说："三岁决定一生。"幼儿、中小学阶段是孩子一生发展的关键时期。对孩子进行教育，一个重要的环节就是要抓住这些"关键期"，以便为其今后的学习、工作和生活打下坚实的基础。

如何认识和利用孩子发展的"关键期"？ 我有以下几点建议。

- **认识关键期。** 可通过各种媒介来加深对"关键期"的认识，明确关键期是不容错过的、关乎孩子一生发展的好时机。
- **抓住关键期发展孩子良好心理品质，塑造健康人格。** 在儿童心理发展的过程中存在许多发展的关键期，一旦错过这些关键期，人的某些心理品质就得不到应有的发展，从而成为终身的缺失和遗憾。
- **抓住关键期发展孩子的智能。** 孩子的智能发育有各种关键期，在这些关键期内培育相关的智能，事半功倍，孩子轻松，教育者也轻松。
- **抓住"关键期"培养孩子的良好习惯，改正坏习惯。** 良好习惯的培养也有关键期。人在未成年以前，尤其是年幼的时候是培养行为习惯的最佳时期。孩子成长中的每一天都是习惯培养的好时机。这一时期也是矫治不良习惯的最佳时期，也可以说是关键期。

- **不迷信"关键期"，要循序渐进**。抓住关键期对孩子进行教育固然重要，但一个重要的前提是尊重孩子的实际情况，不盲目迷信关键期，而应按照孩子的个性、心理特征来确定合适的发展目标，不应一概而论。

建议11：神奇的"罗森塔尔效应"

皮格马利翁是古希腊神话里的塞浦路斯国王，他善于雕刻，并且爱上了自己雕塑的一个少女像，他把全部热情和希望放在少女雕像身上，真诚地期望自己的爱能被接受。这种真挚的爱情和真切的期望感动了爱神阿芙罗狄忒，她真的给了雕像生命，使她活了起来。这个神话故事告诉我们，把全部心血灌注在自己喜爱的东西身上，会起到极好的效果。这就是"皮格马利翁效应"。

在教育领域，"皮格马利翁效应"最初是由美国心理学家罗森塔尔(R.Rosenthal)和雅各布森(L. F. Jacobson)发现的，所以，又叫"罗森塔尔效应"。

罗森塔尔曾经做过一个实验：

他把一群小老鼠一分为二，把其中的一小群(A群)交给一个实验员，说"这一群老鼠是属于特别聪明的一类，请你来训练"；他把另一群(B群)交给另外一名实验员，告诉他这是智力普通的老鼠。两个实验员分别对这两群老鼠进行训练。一段时间后，罗森塔尔对这两群老鼠进行测试，测试的方法是让老鼠穿越迷宫，结果发现，A群老鼠比B群老鼠聪明得多，都跑出去了。

其实，罗森塔尔对这两群老鼠的分组是随机的，他自己也根本不知道哪只老鼠更聪明。当实验员认为这群老鼠特别聪明时，他就用对待聪明老鼠的方法进行训练，结果这些老鼠真的成了聪明的老鼠；反之，另外那个实验员用对待笨老鼠的方法训练，也就把老鼠训练成了不聪明的老鼠。

罗森塔尔立刻把这个实验扩展到人的身上。1968年，他和助手们来到一所小学，说是要进行一项实验：

他们从小学一年级到六年级共选了18个班，对班里的学生进行了"未来发展趋势测验"。之后，罗森塔尔以赞赏的口吻将一份占总人数20%的"最有发展前途者"的名单交给了校长和任课老师，并叮嘱他们一定要保密，否则会影响实验的正确性。

8个月后，他们再次来到这所小学，对那18个班的学生进行复试。结果奇迹出现了：凡是上了名单的学生，个个成绩都有了较大的进步，而且活泼开朗，自信心强，求知欲旺盛，更乐于和别人打交道。

其实，当初那份名单只是罗森塔尔随机挑选出来的，不过这个谎言对老师产生了心理暗示。在这8个月里，谎言左右了老师对名单上的学生的能力评价，老师又将这一心理活动通过情感、语言和行为传染给了学生，使学生强烈地感受到来自老师的热爱和期望，从而使各方面得到了异乎寻常的进步。

这一实验结果深刻地表明了一点：教师对学生的期望影响着学生的学习成绩。这一结果当时在美国教育界引起轰动。

此后，布罗菲等人又做了一个实验，把教师的期望与学生的学业成绩做了相关分析，结果表明：教学成功的个人期望与学生学业成绩是相辅相成的。克雷纳等人于1978年对4300名儿童进行了4年的纵向研究，并进行了一系列相关分析，结果表明教师期望明显地引起了学生成绩的变化，其程度比学生成绩影响教师态度的程度大得多。

现在，人们就把这种由他人的期望和热爱，而使人们的行为发生与期望趋于一致的变化的情况，称之为"罗森塔尔效应"或"期待效应"。

对于大多数孩子来说，老师和父母对他们的看法，直接影响着他们对自我的看法。丘吉尔说过："你要别人具有怎样的优点，你就怎样地去赞美他。"赞美具有一种不可思议的推动力量。

在《中国小学语文教学论坛》2004年第7～8期合刊中有个故事，大意是这样的：

女教师约翰逊在开学的第一节课上，就向全班学生宣布："我对你们只有一条规定——尊重自己，也尊重教室里的每一个人。"

可是不久，一位叫考利的女生不知从哪里搬来一套令她难堪的"对策"。每逢约翰逊老师讲课时，考利就直视着她的眼睛，接二连三地打哈欠。她的哈欠不仅长，而且富有戏剧性，很有感染力，顿时整个教室里便哈欠连天。每打完一次哈欠她都会甜甜地笑着，并且"真诚"地表示歉意。显然，这个哈欠是学生考验老师的一种方式。

女老师只好想出一个对策。她给考利的父母写了一张便条，说是很高兴教考利这样的学生，她不光聪明，还有极好的幽默感，考试平均分也达到了B的好成绩。第二天上课，当考利打出第一个哈欠的时候，老师就把一个没有封口的信封递给她，请她把信封内便条转交给她的父母。

从此，考利的哈欠不见了。过了几天，考利主动来到约翰逊老师的办公室，感谢她写的便条。约翰逊老师告诉考利,她之所以没能得到A,是因为没有把题目做完。如果把题目做完了,并且认真学习了,她一定会得到A。

到了下一次考试,考利得了B+;到了期末考试,她得了A。

很显然,约翰逊老师的成功取决于她善于寻找学生的"闪光点"。她从令她难堪的不友好的哈欠中,寻找到"幽默感";她利用无声的文字和不封口的信封来传达老师对学生的期望。为了不辜负老师的赞扬,考利真的全力以赴,改变了自己。

孩子们凑在一起的时候,常常会议论:某科老师喜欢我,某科老师讨厌我……,在这些孩子身上,很可能出现偏科的现象。通常,老师对学生寄予较高的期望,会使学生加倍努力,以取得好成绩,反之亦然;由于学生学习成绩好,因而老师对学生的期望也高,反之亦然。

父母对孩子的期望同样会影响孩子,如果父母天天挑剔孩子,总把缺点拿出来说,很容易在孩子心中产生一种感觉:我不是好孩子,爸爸妈妈不喜欢我,我好不了了……实际上,如果老师或者父母给予孩子更多的鼓励与期望,并把这种效应用于孩子身上,将会看到孩子身上所起的明显的变化。

让孩子对自己充满希望,他会走得更远。

很多孩子由于年龄和认知上的局限性,往往无法认识到自己的真正价值。其实,只要对自己的未来充满期待,生命的价值和意义就会渐渐浮出水面。

对孩子来说,老师和父母的态度当然很重要,但自己给自己正确的、积极的评价,自己给自己提出更高层次的要求才是最重要的。当孩子对自己有了正确的认识和适当的期望值之后,他们在前进的道路上会越走越顺利,前途当然更宽广。

如何认识和运用"皮格马利翁效应"?我有以下几点建议。

- **多种途径认识"皮格马利翁效应"**。无论是阅读相关的神话故事,还是了解与此相关的实验和案例,或是请教有关的专家,都会让我们对于这一效应的认识变得更加深刻。

- **永远对孩子抱有热切的期望,并且让孩子感受到你的期望**。这一点非常重要。老师和父母对孩子越抱有期望,孩子越感受到这种热切的期望,他就越相信自己能做到,也会越努力地使自己的行为契合这种期望。教育者要通过自己的言谈举止让孩子感受到这种期望。

- **赞美一定要适度**。孩子总是渴望被肯定、被赞扬的,一句赞美的话可能会使孩子为之兴奋很长一段时间。但是,一定要掌握好分寸,而且要注意时间和地点,否则,没有原则的滥用的赞美只会变成孩子的精神鸦片,孩子会为了赞美去努力，而脱离原来的目标。

- **掌握分寸，避免"过犹不及"**。过度的期望可能会让孩子感觉喘不过气来，甚至产生逆反心理，这就不好了。因此，对孩子的期望要适度，要让孩子觉得不是做"白日梦"，而是他确实可以通过自己的努力而达到目标，这样他才会有奔头，才会愿意去努力。

建议12：人的发展是呈"阶梯式"的

世界万物的发展都是有序的，任何事物的发生、发展都有其必经的轨道，必须经由一定时间和相当程度的量变的积累，才可能获得质变，而不可能一蹴而就。客观世界的一切发展都是阶梯式的。人的发展，人的学习，同样也是阶梯式的。

罗曼·罗兰说过：一个人从平凡到伟大，没有不可逾越的鸿沟，而在于他不断地自拔和更新罢了。每个人都可以通过一段时间的努力，完成一个新的目标，迈向一个新的台阶，进入到一个高层次的稳定的水平。小的量变质变的积累，一定会出现大的量变质变。

因此，青少年进步、成长、超越、创新、发展也应该是有序的，应该是"阶梯式"的。人要成功，就要热情地沿着阶梯前进、超越、更新。

"阶梯式"学习法是使学习成为人的终生习惯的好方法，也是生命整体发展的阶梯。

"阶梯式"学习法创始人、著名教育专家程鸿勋教授通过对大量学生的调查、总结、归纳、研究，逐步形成了符合学生实际、适合学生发展的一系列阶梯式目标。

阶梯式学习法的三大理念是：弘扬主体主动性，成功原则，阶段觉悟原则。阶梯式学习法是提高学习生活质量的方法，也是提高人的整体生命质量的方法，更是人的整体生命发展的阶梯。

阶梯方法在习惯养成中起着举足轻重的作用。

无论是形成良好习惯，还是纠正不良习惯，都有个过程。因此，必须坚持阶梯性原则，使用阶梯方法，既要着眼过程体验，又要注重阶段发展成果。

我们可以指导孩子把要养成的习惯目标，分解成若干个阶段要求，列出行为发展阶梯表，引导和激励孩子沿着阶梯不断努力。不同年龄、不同习惯的养成，应有不同层次的要求。

比如，同样是要养成思考的习惯，在小学一年级到三年级，我们就要求孩子在教师的帮助下进行简单的、有条理的思考，从而解决问题；到四年级至六年级，同样是养成思考的好习惯，我们就要求孩子根据解决问题的需要，收集有用的信息，进行归纳、类比和猜测，发展初步的、合情的推理能力；在初中阶段，要求孩子收集、选择、处理信息，并作出合理的推断和大胆的猜测。从这三个阶段来看，同一个习惯，在内容、水平、要求上都有不同，越来越高。

还比如，同样是培养"做事有始有终"的习惯，对幼儿园的孩子来讲，我们应该要求他们在玩的时候自己把玩具拿出来，玩完以后自己收好；对小学生来说，就要求他们看书做作业的时候要认真，写完以后才能去玩；对于初中生来说，就应该要求做事有责任心。这是一个循序渐进的过程，从收玩具到做事有始有终，再到责任心。

再比如，同样提到合作习惯，小学一年级到三年级，要求具有与同伴合作解决问题的体验；到了四年级至六年级，要求在解决问题的过程中初步学会与他人合作；到了初中，要求在解决问题的过程中体会到与他人合作的重要性。

有了这样比较细致的要求和层次，就比较好培养了。过去我们都知道习惯很重要，但是却不知道怎么去做，也没有非常明确的要求。所以，提出不同年龄阶段习惯的不同层次、不同操作要求，是非常重要的。

培养良好习惯，不是一两天的事情，需要经历一定的发展阶段。按照美国科学家的研究，一个习惯的养成需要21天。

冰冻三尺非一日之寒，好的习惯不是一天养成的，坏习惯也不可能一夜之间踪影全无。养成好习惯，不妨试着用一用加法，每隔一段时间确立一个合适的新目标，一步步沿着目标前进；改正坏习惯，不妨用一用减法，分段确定目标，而不要求一步做到最好。

如何理解和运用阶梯理论呢？我有以下几点建议。

- **了解相关的理论知识。**这是理解和运用阶梯理论的重要前提，其中关键的一点就是要认识世界万物的发展、人的发展都是有序的，是阶梯式的。
- **不着急，慢慢来。**要克服急躁心理，"一口吃不成胖子"，凡事都应循序渐进，一个阶梯接一个阶梯地前进。孩子觉得一步走一个台阶不难，很轻松，但要一步跨三个台阶就很难了，若要一步跨五个台阶，孩子就会觉得特别难，不想动了。
- **按阶梯分解目标。**不论是学习还是培养习惯，或者是要达到其他的目标，都可以按阶梯来为孩子分解目标，把不容易实现的大目标变成一个个容易实现的小目标，孩子就会很乐意去完成了。

- **让孩子自己去攀登**。阶梯方法的一个重要方面，就是让孩子成为自己的主人，发挥主观能动性，形成自己的目标，想方设法实现它，而不是让父母推着走，甚至拖着走。父母可以指导一两次，但不要次次指导，只需要在适当的时候给些建议就可以了。

建议13："并喻文化"是两代人共同成长的基本原理

教育就是两代人共同成长。那种单纯以训导、教诲为特征的时代已经过去了，我们正在迎接一个以人为本的新教育时代。

当今时代，社会发展经历了巨大的变化，各领域中的知识技术正在迅速更新。人类学家玛格丽特·米德当年在其著作《文化与承诺》中所描述的"并喻文化"和"后喻文化"，已经越来越多地出现，尤其是"并喻文化"正越来越广泛地影响着人们的生活。

"并喻文化"是相对于"前喻文化"和"后喻文化"而言的。简单地说，"前喻文化"就是新一代人向老一代人学习才能生存；"后喻文化"，即老一代人需要向年轻一代学习，社会才能进步。

在玛格丽特·米德的阐述中，"前喻文化"，即所谓"老年文化"，是数千年以前原始社会的基本特征，也是一切传统社会的基本特征。在原始社会中，生产工具简陋，自然环境险恶，人们缺乏推动生产与社会变革的必要的物质手段，整个社会发展十分缓慢。人们从未奢望、也根本不可能设想自己的生活能和父辈、祖辈的生活有什么不同，在他们眼里，生活的意义是既定的，前辈的过去就是他们的未来，"他们的父辈在无拘束的童年飘逝之后所经历的一切，也将是他们成人之后将要经历的一切。"

"后喻文化"，即人们所称的"青年文化"，是一种和"前喻文化"相反的文化传递过程，即由年轻一代将知识文化传递给他们生活在世的前辈的过程。如果说在"前喻文化"(即传统社会)中，社会化的对象是社会中尚未成年的个人，那么，借用社会学的术语，"后喻文化"则是一种不折不扣的"反向社会化"。"在这一文化中，代表着未来的是晚辈，而不再是他们的父辈和祖辈。"

那么，"并喻文化"是什么呢？

简单地说，"并喻文化"就是两代人互相学习才能生存和发展。

玛格丽特认为，"并喻文化"从根本上来说是一种过渡性质的文化，它肇始于"前喻文化"的崩溃之际。战争失败、移民运动、科学发展等诸多历史原因导致"前喻文化"崩溃、"并喻文化"诞生。先前文化的中断使年轻一代丧失了现成的行为楷模。既然前辈无法再向他们提供符合时代要求的全新的生活模式，他们只能根据自己切身的经历创造，只能以在新的环境中捷足先登的同伴为自己仿效的楷模，这就产生了文化传递的"并喻"方式。

"并喻文化"不会平白无故地产生，它既同亲子两代人各自的身心特点有关，也是这个瞬息万变的时代造就的。有人分析具体原因是这样的。

原因之一：社会变迁加剧，面对层出不穷的新事物和新规则，年轻一代顺应自然、运用自如，年长一代却茫然不知所措。一个很典型的例子，就是在乒乓球比赛中，原本十分优秀甚至拥有世界冠军头衔的球员，因为无法适应新制定的比赛规则名落孙山，而那些名不见经传的新手此时却脱颖而出。年轻一代和年长一代的较量也是对于新规则的适应力的较量。至此，孩子第一次获得了"指点"父母的机会。

原因之二：面对社会变迁的加剧，孩子具有较高的敏感性和吸收能力，父母却常受到传统和经验的束缚。对年长的一代来说，当出现与旧有的经验不一致的新知识时，新知识可能被视为是怪异的；但对脑袋里根本没有旧框框的年轻一代来说，新知识则是天经地义的。很多孩子对父母常常教育子女要好好学习、自己却得过且过的做法甚为不解。

原因之三：与同学、同伴的交往是孩子获取各种新知识和新价值观念的途径之一，同辈群体成了孩子影响或"反哺"父母的知识"蓄水池"或"扩展内存"。与同学的交往是青少年获得大量的知识和信息的来源之一。比如大学宿舍每天晚上睡觉前的"卧谈会"就是一场信息密集的交流会，内容应有尽有。这样，父母看起来是和一个孩子打交道，实际上是在和一群孩子甚至是一代孩子打交道。

原因之四：电脑的普及和大众传播媒介的广泛影响，使孩子第一次能够从父母、老师以外获取大量的知识和信息。尽管父母也一样看电视，但实际他们从电视上获取的知识与信息的数量和质量远远不如孩子。而电脑操作方面的差异则更为明显，对父母来说，电子计算机是他们人生的"滑铁卢"。很多父母面对家中计算机软件的不断升级常常一筹莫展，力不从心；而孩子则占尽了电脑操作和语言使用等方面的各种优势。

玛格丽特·米德在《文化与承诺》中告诉我们：

"并喻文化"中，孩子们常常是父母生活中的"老师"，父母向孩子学习或孩子"指点"父母已经成为十分普遍的现象。不仅很多父母在许多方面不如孩子，即使作为孩子的教师，在科技知识和文化信息方面不如孩子的现象也十分普遍。

有分析认为，孩子对父母的影响主要体现在以下几个方面。

一是在涉及事物的好坏、对错判断的价值观方面。尽管子女在价值观方面影响父母很难，很多父母也认为来自孩子的影响一般不会影响到自己的价值观和人生观，但在一些特殊的情况下，父母们也承认孩子的影响会触及自己的"灵魂深处"。

二是孩子对社会和人生的理解、对消费和金钱的看法以及审美和生活情趣都开始影响到父母，使后者的生活态度在无形中发生了明显可见的变化。

三是在对新事物的使用和对新潮流的了解上，父母对来自孩子的"指点"的接受几乎是无条件的。

"牛顿花了一生才发明的物理定律，现在的大学生一星期就学会了。"在《文化与承诺》中出现的下面这段话，是引人深思的：

即使在不久以前，老一代仍然可以毫无愧色地训斥年轻一代："你应该明白，在这个世界上我曾年轻过，而你却未老过。"但是，现在的年轻一代却能够理直气壮地回答："在今天这个世界上，我是年轻的，而你却不再年轻，并且永远不可能再年轻。"

如何认识"并喻文化"理论并有所行动呢？我有以下几点建议。

- **了解"并喻文化"产生的相关文化背景和有关理论**。系统的理论是指导我们学习的很好的武器，掌握了这些，就能做到心中有数了。

- **用欣赏的眼光，认识现代孩子的优点**。现在的孩子优点很多，比如独立、创新、富于激情、适应力强，等等。我们不要一眼就看到孩子这样那样的缺点，应该说，这一代孩子是很优秀的，是值得信任并且会大有作为的。现在飞速崛起的信息产业，不正是年轻一代大展宏图的天下吗？

- **提高孩子在家庭生活中的发言权和决策权**。父母在决定日常生活用品的购买或集体行动时，应该征求子女们的意见，甚至可以干脆由他们去做主。小到买何种饮料、早点、服装，大到电视机的品牌、尺寸、型号，再到孩子自己的专业和前途，都可以让孩子自己去选择。

- **接受代际冲突**。面对代际冲突，父母应该坦然接受，因为每一代的生活经历都将与上一代不同。代际冲突的存在几乎是必然的。

- **多沟通，多交流**。"真正的交流应该是一种对话。"当代世界独特的文化传递方式，决定了在这场对话中，虚心接受教育的应该是年长的一代。父母必须要向孩子学习。

建议14：令人惊奇的"生物钟"现象

大家都听说有"生物钟"这回事，可是，生物钟具体是什么呢？人也受生物钟的影响吗？认识生物钟，与孩子们的成长有关系吗？

神奇的生物钟在自然界普遍存在。生物钟又叫作生物节奏或生物节律，是指生物周期的节律现象。在自然界，生物钟是一种普遍存在的节律现象，无论从低级到高级，从简单到复杂的生物都存在着周期节律现象。如植物的定时开花、变色、结果；动物睡眠、觅食、啼鸣及发情交配、迁徙等。

许多生物钟的周期和一些平时最容易觉察的自然界节律活动周期惊人地相符。科学界认为，大多数生物钟是生物适应外部条件的结果，但是，随着"时间基因"的形成，生物钟可以离开外部条件自行运转。如果蝇一般都在黎明时候破蛹而出，即使把它放进密封的盒子里，培养十几代后，仍然保持黎明时候羽化成虫。

万物之灵的人类，同样受着生命节律即生物钟的支配。大量临床观察及实验研究证明：人的生活、生存、活动是有周期性、节律性规律的。这些规律性活动受人体内像时钟那样的许多"齿轮"基因和中心"擒纵轮"基因组成的"生物钟"所控制、操纵和调节。

有人把人体内的生物节律形象地比喻为"隐性时钟"。每个人从他诞生之日直至生命终结，体内都存在着多种自然节律，如体力、智力、情绪、血压、经期等。

人的生物节奏有很多，到目前为止人们已发现的人体生物钟有一百多种，如年节奏周期、月节奏周期、日节奏周期，等等。

人体生物节律中，周期在半小时以内的都属于高频类，如呼吸每分钟20次左右，脉搏约70次/分。中频类的周期在半小时与六天之间，人的睡眠深度为90分钟～120分钟的周期性波动。低频类的周期超过六天，如月经等。

对于人体生物钟的研究和应用，古就有之。比如中国的脉学经络学、灵龟八法、子午流注针法等，都与人体生物钟有着密切的关系。古希腊希波克拉特也说，给病人看病的时候，要密切注意病人的出生年月日与病情发展日期之间的波动关系的详细情况。这些都是因为节律现象是很客观的，有的还相当明显，受到人们的广泛关注并加以利用。

现代生物学认为：人体各种生理活动都有"预定时刻表"，即"生物钟"。人体的各种活动若能顺应生物钟的要求，则可达到健、寿、智、乐、美的境界。若不顺应它，则随着违反的程度不同而使人体受到不同的损害，表现为疲劳、低智、抑郁、早衰、疾病，甚至死亡。

人体生物钟的奥秘帮助科学家们研究发现了一系列"最佳时间"。

(1) 最佳起床时间

早晨5～6点钟是人体生物钟的"高潮"，体温升高，此时起床会精神抖擞。

(2) 最佳饮水时间

起床后饮水既可补充一夜消耗的水分，又可稀释血液，有洗涤胃肠、防止血栓形成的作用。上午10时、下午3时左右饮水可补充工作流汗和排尿所散失的水分，防止人体酸性化；餐前1小时喝一杯水，有助于消化液分泌，促进饮食；睡前饮水，可冲淡血液，使循环通畅。

(3) 最佳用脑时间

上午8时大脑具有严谨周密的思考能力；上午10时精力充沛；下午2时反应最敏感；晚上8时记忆力最强。

(4) 最佳工作时间

上午10时至下午3时工作效率最高。一般而言，上午适于脑力劳动，下午适于体力劳动。

(5) 最佳打针时间

一般宜选择在上午9时，此时身体对痛觉最不敏感。

(6) 最佳午休时间

人脑的活动能力在下午1时左右最为低落，故此时午睡最为适宜。

(7) 最佳锻炼时间

晨练。冬春季的头一二个月应避开早晨6～7时，夏秋季早晨5～6时，空气清新，气候凉爽，是锻炼的良好时机。平时上午9时、下午4时以后，做做健身操对健康有益，因为此时肌肉温度高，黏滞性最小，关节最灵活。

(8) 最佳减肥时间

饭后45分钟左右，以每小时4.8公里的速度散步20分钟，热量消耗最快，有利于减肥。

(9) 最佳刷牙时间

应在每餐后3分钟内进行，因为口腔内的细菌分解食物残渣中的蔗糖和淀粉产生的酸性物质，会腐蚀和溶解人的牙釉，这个过程通常是在进餐后3分钟后开始的。

(10) 最佳吃水果时间

饭前1小时吃水果有益无害；饭后2小时吃水果其营养最容易被小肠吸收。

(11) 最佳喝牛奶时间

牛奶中含有一种成分，具有催眠、镇静作用，因此喝牛奶的最佳时间为睡前，既可补充营养，又有利于安眠入睡。

(12) 最佳睡眠时间

人体生物钟在晚上10～11时出现一次"低潮"。因此，睡眠的最佳时间应是晚上9～10点。如果晚上11时后还未入睡，那么过了12点就较难入睡了。

人体生物钟形形色色、各不相同。保持体内生物钟的正常运转是十分重要的。了解生物钟，按生物钟运行的规律来安排工作、学习和生活，就会有利于提高生活质量和生命质量。如果人们对情绪、体力、智力的生物节奏好好把握，充分利用高潮期，注意低潮期，这对提高生命质量大有裨益。

生物节奏是那么有节律地支配着每个人。但这个理论并不能预测将要发生什么事情，更不能用来求卜、掐算命运，它只是提示人们，在某段日子里可能出现的体力、情绪和智力的倾向而已。一旦人们能及时而清楚地意识到自己所处的周期变化，那么，就可以充分利用它来更有效地工作、生活和学习，即使是处在"临界期"和"低潮期"，通常也完全可以用坚强的意志和毅力去加以克服。

如何认识并利用"生物钟"理论？我有以下几点建议。

- **了解各种各样的"生物钟"。**孩子们通常会对新奇的事情感兴趣，父母可以先了解相关的知识，将这些信息以生动有趣的形式传递给孩子们，帮助他们认识"生物钟"现象，了解"生物钟"。

- **教孩子合理利用时间，合理用脑，提高学习效率。**父母有必要指导孩子充分利用最显效率的时间。如果把最重要的任务安排在一天里最有效率的时间去做，就能花较少的力气做完较多的工作。而按时用脑，充分利用节律的高潮，能有效避免节律低潮时造成的差错、事故、损失和效率不高。

- **指导孩子运用生物钟理论调整考试节律状态。**如果孩子在学习过程中智力处在高潮期，这时他观察、记忆、思维、想象力最佳，理解能力强，利于吸收新知识。应抓住学习的黄金时期，多学习知识，这段时节如恰逢高考，则能够正常发挥，取得好成绩；如处在低潮期或临界期，应注重巩固所学知识，不宜吸收高难度知识，特别是复习备考期间，如逢临界期，要及时从饮食、心理方面提前调解，才能超常发挥，否则会由于生物节律状态的客观影响而引起失误。

- **生活节奏不宜过快**。生活节奏过快，会转化成生理节奏加快，使体内原来合拍的节律变得紊乱，影响激素分泌，进而影响其他生理节律的紊乱，导致疾病及早衰，所以父母有必要对孩子的生活节奏加以控制。孩子感觉最舒服、最顺畅、最有力，就是顺应了他自身的节律。

建议15：利用"潜意识"进行学习工作

什么是人的潜意识呢？

潜意识又叫作"无意识"，是指人意识不到的意识，是没有意识参与的一种意识，故称为潜意识。

潜意识，人们既不能觉察又不能意识到。它确实存在吗？

人们通过对以下现象的阐释来证明潜意识的存在。

(1) 在日常生活中存在。在日常生活中，人们常会出现"下意识"的言行，特别是在突然的、意外的、危险的状况发生时，人们会出现一连串的"下意识"言行。人出现"下意识"的言行时，会暴露出意识的真实动机，因此，"下意识"的言行最能体现一个人的人格。另外，当人恐惧时，会出现一些心理症状，也多是以潜意识为基础的心理活动结果。

(2) 人在催眠状态下出现潜意识。人在催眠状态下能回想起早已遗忘的儿童时期的情景。在催眠师指导下做各种事情，醒后却全然不知被催眠时所做的一切。

(3) 当人处于创造性的灵感和直觉状态时，此时的心理活动最能说明潜意识的存在和作用。正如著名科学家、物理学家钱学森所说的："意识可以直接控制，但潜意识却控制不了，也没法控制，但它确实在工作，就是不知道它是怎么工作的，它的工作状态怎样，有时苦思冥想，不得其旨，找不到出路，然而，不知怎么回事，它却突然来了，这就叫灵感。"

(4) 越来越多的人认为做梦是潜意识的一个有力证据。

(5) 根据潜意识假设而建立起来的精神分析技术治疗精神病患者有效，间接说明了潜意识真实的存在。

可见，潜意识是人意识不到，却又在实实在在影响其心理活动的意识。

潜意识存在着巨大能量。

我们常说的人的意识是人能清醒觉察到的、能随意想到的心理活动，它具有逻辑性、时空性和现实性等特点。为了与潜意识区别开，人们又常把这种意识称为"显意识"。

弗洛伊德指出，意识就如冰山浮出水平面的一角，而潜意识，就是埋藏在水面下那不知多厚、多深的部分。众多的心理学家、超心理学研究及潜能研究者都很赞同这一看法，即人们觉察到的意识，也就是显意识，只占人的全部意识的很少的一部分。但时至今日，对占绝大部分的潜意识，人们不仅很少利用和开发，甚至还不正视它、尊重它、了解它。

弗洛伊德还指出，潜意识即本能冲动，暗中支配着意识。潜意识是人的心理活动的基本动力，是人的动机，也是意图的源泉。

意识是具有能量的，而潜意识也是具有能量的。因此，可以确定的是，潜意识是贮存在人的大脑中的实实在在的巨大的潜能，相对于显意识而言，潜意识的能量是我们无法用数字来衡量的。

潜意识是人类漫长历史的积淀，它有着巨大潜能。我们必须正视、了解潜意识和潜意识学习，努力地去诱导、开发它。它深刻地反映着、影响着、塑造着人的生命，它是人的完整生命的一个主要的基础部分。

那么，怎样利用、开发潜意识进行学习和工作？

既然潜意识是一种无意识，那么，就可以从有意识着手，寻找突破口。

因此，利用潜意识，开发潜能，提高学习和工作效率，结合我们专家的研究，至少可以从以下4个方面着手。

1. 参与和体验

人要勤奋，人勤奋的意义是多方面的。其中之一就是带动和开发潜意识。

美国富兰克林说："勤勉是幸运之母，上帝对勤勉给予一切。"居里夫人说："如果能追随理想而生活，本着真正自由的精神，勇敢向前的毅力，诚实不自私的思想而行，则定能臻于至美至善的境地。"

人勤奋获得成功的过程中，会感受到很多比成功更为美妙的东西。这里面就有着潜意识心理活动。也正因为如此，人在学习和工作过程中会感受到多方面的魅力，是根本。

学习所涉及的面应尽量宽泛些，能经常接触散文、诗歌、美术、音乐最好，它陶冶人的情操，让人感到美的同时，还有利于发展潜意识。今天，人们还无法估量这些艺术化了的东西对人发展的巨大作用。人只有外向和内向地多参与，才会增加感受和体验，才会更好地利用发展潜意识。

2. 强化成功

要取得成功，就必须符合"心情"。

生成的目标一定要具体、适度。要符合"可望可及才能更加努力""跳得起来够得着才更加愿意跳"的心理，找到"进步容易"的感觉，感到"我能行"。

而运用"低起点、小坡度、勤奋斗、大发展"策略，都可以取得成功。千方百计地取得成功，要万古长存地强化成功。

学会自己强化成功，尽量用情景、图像来强化成功的情境，这会很好地开发潜意识和利用潜意识学习和工作。

3. 忙闲结合

无论学习和工作多忙，都要学会使自己"清闲"下来。"顿悟之花"通常在这时开放。

学会在安静的环境里或夜深人静之时，使自己的心理处于放松、恬静、自由、遐思状态，这是休息、觉悟，更是开发潜意识实践，大多情况，潜意识在放松时才会出现。

4. 发展业余兴趣

人的兴趣是一种自然的、原始的心理需要，它具有冲动性和驱动性。因此，兴趣和人的潜意识、潜能密切相关。

兴趣是一个人渴望得到知识所表现出的一种积极的愿望，尤其是孩子在求知欲和好奇心的驱使下，可以直接推动学习活动，并取得学习的效益。以此为基础，孩子会对他感兴趣的科目达到会学、爱学的程度，甚至会使学习活动达到"入迷"忘我的境界，而且这种"快乐学习"或者"快乐工作"会迁移到其他方面，对形成良好的内在品质，对个人发展大有助益。

对感兴趣的内容，不仅会学得快、学得好，还会领悟得更深入、更宽泛、更独到、更有创意，所以爱因斯坦说："兴趣是最好的老师。"

学生时期感兴趣的内容，最有可能成为他未来的职业。从事自己喜欢的职业，就分不出是工作还是享受了，那真是再没有比这个更幸福、更愉快的事情了。

一个人专注、热爱某一工作，就会大量地释放他的潜能，形成潜意识学习和潜能释放的良性循环，就会充分体现自身的价值，从而走向辉煌。

如何认识"潜意识"并帮助孩子利用、开发"潜意识"呢？我有以下几点建议。

- **正视潜意识的存在，了解潜意识。** 告诉孩子"潜意识"是客观存在的，可在日常生活中引导孩子了解、认识潜意识，可以和孩子一起讨论甚至争论潜意识是否发生作用、如何发生作用等。不一定要得出确切的结论，关键是引发孩子思考。

- **引导孩子多学习、多接触各种新鲜事物**。这些都是刺激孩子潜意识发展的有效手段，在不同的体验过程中，孩子能很好地发挥自己的潜能，促进潜意识的发展。

- **让孩子经常感受到成功**。成就感会帮助孩子树立"我能行""我可以做得到"等正面意识，促使孩子更好地去努力，发挥更大的价值。父母可以在生活中、学习中有意识地为孩子创设成功的条件，及时鼓励孩子、肯定孩子。

- **引导孩子学习、生活有张有弛**。不要让孩子的生活、学习太紧张，否则孩子神经绷得太紧，一天到晚忙忙碌碌，没有时间也没有精力仔细思考。相反，张弛有度的生活会让孩子身心愉悦，有更多的可能接受不同途径的信息的刺激，从而获得更多的"觉悟"。

- **了解孩子的兴趣，帮助孩子培养兴趣**。孩子的兴趣越广泛，接触的信息越多，感受的刺激也越多。全身心参与到自己的兴趣中去，会让孩子的潜能得到不断开发。而孩子对自己兴趣的探索越深入、越专注，越可能从中获得"顿悟"。

第3章

关系第一，教育第二

建议16：做孩子的忠实倾听者

很多父母觉得和孩子沟通困难，不能理解孩子为什么与朋友聊天时兴高采烈，说起话来滔滔不绝，而跟父母说话却像挤牙膏，问一句答一句，问多了还不耐烦。

为什么会这样呢？

只要稍稍留意便会发现，孩子跟朋友说话，对方常能耐心听他把话说完，还会赞同他的意见；而父母却总在听孩子说第一句时便急不可待地训斥孩子，甚至找出更多的例子来证明孩子不对，根本没听孩子把话说完。

所以，问题的症结不在于孩子不愿意跟父母说话，而在于父母不愿做孩子的倾听者。

做孩子的忠实倾听者，是了解孩子的最佳途径。

父母常常要求孩子应该"如何做"，而不去努力发现孩子"为什么""为什么这样做"的理由，这是很不聪明的。只有做孩子的忠实倾听者，倾听孩子的心声，才可能真正了解孩子，也才谈得上有效地教育、引导、帮助孩子。

在《改善亲子关系的方法》一书中，有一个案例很值得深思：

一名上小学四年级的女孩，从三个月前开始变得学习困难，学习成绩下降，甚至不愿意上学。妈妈反复追问后，孩子说她在学校丢失了许多橡皮；还说语文课上做练习时，老师曾让她借橡皮给一位男生，但那位男生没有还橡皮给她，每次向老师反映后，老师不理睬，还对她有些不耐烦了。于是，妈妈说："你这孩子，怎么这样小心眼！一块橡皮算什么？你要什么橡皮，我给你买好了，不要再找老师的麻烦。老师天天要给你们上课，多忙啊，你真不懂事！"可孩子仍旧不高兴，对妈妈的劝说无动于衷，并且更不愿意上学了。

这位母亲只了解事情的表面，就下了结论做了指示，并不知道孩子为什么对此事一直耿耿于怀，也不听听孩子的想法。问题最终没有得到解决，反而更加严重了。很多时候，父母应当做孩子的听众，耐心地听孩子把自己的想法说完，这样才能更好地了解和帮助孩子。

很多父母在同事和朋友眼里都是很宽容、体贴的，他们可以倾听一个失意朋友的诉说，却很难和孩子沟通好。到底是什么阻断了亲子间的交流呢？

有一个很经典的案例：

一位母亲声带上长了结节，医生强迫她禁声，至少十天不许说话。这天，儿子放学回家，进门就嚷："我恨老师！再也不去学校了！"如果平时听到儿子这么说，母亲一定要严厉地训斥他。但是，这一次她没有这样做，因为她不能讲话。气愤的儿子趴在母亲的膝盖上，伤心地哭着："妈妈，今天老师叫我们写一篇作文，我拼错了一个字，老师就嘲笑了我一番，结果同学们都嘲笑我，真没面子！"母亲依然没有说话，只是搂着伤心的儿子。儿子沉默了几分钟，从母亲怀中站了起来，平静地说："我要去公园了，同学们还等着我呢。谢谢你听我说这些事。"

由于一个特殊的原因，这位母亲体会到了"沉默"在亲子沟通中的重要意义。沉默是金，更是一种教育的艺术。在亲子沟通中，"听"有着非常重要的地位，它甚至比"说"更重要。父母如果希望与孩子的关系更融洽、更亲密，希望家庭气氛更和谐、更温馨，就应当想方设法让孩子向父母倾诉。

不管是孩子还是成年人，在日常生活中都会遭遇各种各样的压力，这些压力如果找不到宣泄的通道，就会对人产生损害，对于正处于成长期的孩子伤害更大。孩子的心事如果长期得不到倾诉，内心世界往往容易变得封闭，他们的心态也会变得不健康，甚至患上抑郁症。

我们发现，很多青少年出现这样那样的问题，都跟亲子沟通不畅有关。实际上，亲子沟通中的很多问题都是由于父母"听"得少"说"得多而造成的。孩子在想要寻找倾诉对象的时候，却发现自己又遭到一番教育，甚至成为"语言垃圾"的承载者，他们怎么会愿意和父母沟通呢？尤其是当孩子心中积郁了不良的情绪时，父母更要注意给孩子倾诉的机会，否则，孩子很可能因为无法宣泄自己的情绪而变得冷漠孤僻、自我封闭、对人与人的感情不信任、偏激、叛逆，或通过一些不正当的途径发泄压力，甚至濒临犯罪，是非常危险的。

给孩子倾诉的机会，关键要我们父母转变态度。父母要想和孩子好好沟通，必须学会倾听。

怎样做孩子的忠实倾听者？我有以下几点建议。

- **别认为孩子的事不重要**。有些父母很忙，总认为自己的事情最重要，孩子关注的事无关紧要。这些父母要注意，不要总以成年人的思维方式去评判孩子的世界，孩子的成长其实更多地依赖于这些"不起眼"的小事。

- **少"说"多"听"**。有些父母认为孩子没有必要说得太多，只要好好听就行了，甚至认为孩子的倾诉是一种"叛逆"。这种想法是错误的。和孩子沟通，父母应少说多听，孩子说话时，要表现出好奇、兴趣和热情，可以使用眼神、手势、抚摩等方法，营造宽松气氛，鼓励孩子多说话。不要随便打断孩子，也不要轻易改变孩子的话题。

- **利用一切可能的机会与孩子交谈**。吃饭、散步、临睡前、旅行都是很好的交谈机会，这时候孩子的情绪比较放松，常常会表达出自己最想说的东西。

- **鼓励孩子多交朋友**。父母可以鼓励孩子多交朋友，向朋友倾诉心事，并教给孩子一些表达的技巧，让孩子了解一些和他人交谈的方法。如果孩子允许，父母也不妨在孩子和朋友谈天时听一听，看他向朋友诉说时朋友的反应是怎样的，是不是和父母有所不同。

- **别老寻找"蛛丝马迹"**。有的父母很喜欢听孩子说话，经常鼓励孩子向自己倾诉，但他们的真正目的是从孩子的叙述中寻找蛛丝马迹，孩子如果真的说了什么，他们马上发挥自己的想象力，对孩子进行逼问，这是很可怕的。父母应该给孩子一些自由的空间。就算孩子做错了事情，也要给他们解释的机会。

建议17：鼓励孩子自己分析和判断

有些时候，我们听孩子诉说了事情经过和他的想法，事情也就完了，但有时，为了解决问题，或者为了让孩子"总结经验教训"，我们还需要再加一笔。这一笔加得到位，那就是画龙点睛，要是加错了，那就是画蛇添足。

其实，父母说得再多，孩子也未必听得进去，而只有经过他自己思考得出的结论，才会真正成为他自己的经验。因此，父母尽可能不要直接给孩子提出指导和意见，让孩子自己进行分析和判断。

年幼的孩子喜欢听从大人的吩咐，对父母给出的指令言听计从。但是，孩子的年龄稍大一点，自我意识开始增强，他就会希望对事情有更多的自主权和决定权。这时，父母应该鼓励孩子自己分析和判断是非，让孩子独立地思考问题。

虎子的妈妈就懂得鼓励孩子自己分析和判断：

儿子："妈妈，上课的时候，老师让我们在动物的前面加上一个词语组成一个句子，像'可爱的小燕子'中的'可爱'，我一时想不起来，所以我就没有举手。"

母亲："你有没有想你为什么不会？"

儿子："我不知道。"

母亲："你们班上有没有会的同学？"

儿子："有！"

母亲："你有没有问问他们为什么会了？"

儿子："我觉得他们看书挺多的。"

母亲："这就对了，你自己已经找到了答案。多读书对一个人的表达能力是非常重要的，书看多了，积累得多了，才能随时随地地用。人的大脑就像一个水壶，只有……"

儿子："如果脑子里装满了，怎么办？"

母亲："根据科学家分析，人的大脑能贮藏很多的信息，是永远装不满的。你看爸爸妈妈都大学毕业了，还得天天晚上学习，还感觉知识不够用，你说满了吗？"

儿子："嗯，那以后我也多读书，当老师提问的时候我也能马上举手。"

有许多父母，他们喜欢让孩子接受自己的指令，告诉孩子应该如何做，可是孩子却不知道为什么要这样做。这位母亲很聪明，她不是说教式地告诉孩子应该怎样做，而是通过不断地启发，引导孩子自己思考问题，得出结论。这样，孩子通过自己不断地分析和判断，逐渐地学会了自己思考问题，解决问题，自主能力也得到了提高。

有时候，孩子只想表达他的一种情绪和感受，他希望父母能够做一个倾听者，而不是对他下指令。可父母却偏偏要将自己的结论强加在孩子的身上，这样，反而使孩子产生逆反心理，封闭了孩子渴望心灵交流的大门。

有一位父亲是这样跟孩子交谈的：

有一天，孩子对父亲说："爸爸，你和妈妈一点都不理解我的心情。在学校里，我根本不想学习，我已经厌倦了学校的生活。"父亲听了孩子的话后，平静地问："你觉得我们不理解你的心情，是吗？""你们整天要我学习、学习、学习！你们就不知道我心里想要什么？""你想要什么？""我想离家出走！""好吧，我们先出去散散步，你愿意吗？""爸爸，你为什么不责备我？""孩子，爸爸曾经也是学生，上学的确很辛苦，我也烦闷过。爸爸理解你的心情。"

父亲同孩子一起散步。父亲向孩子说起他工作的烦恼，他说他也不想干了！孩子说："那，那不就下岗了？"父亲说："我能不干吗？家里的花销怎么办？""爸爸，你要好好干呀！""孩子，爸爸会尽力的。每个人都会有不如意的时候，但我们都得坚持住……""爸爸，我明白了，我会学很多东西的。"

这位父亲使孩子袒露自己的心扉，将内心的感受倾诉出来，并引导和启发孩子自己思考问题，得出结论。其实，只要父母学会站在孩子的立场看问题，做一个忠实的听者，鼓励孩子自己分析和判断，孩子也会从谈话中学会总结经验和教训。

父母作为一个倾听者，关键是要多"听"，而不是多"说"。在想多说的时候，要时刻提醒自己扮演的是一个倾听者的角色。而且，每一个父母也都希望自己的孩子能够走向成熟，能够自己独立地思考问题。所以在听的同时，也要注意鼓励和引导孩子自己对问题进行分析和判断。

怎样鼓励孩子自己分析和判断呢？我有以下几点建议。

- **心平气和地询问孩子。**有些父母习惯于反问孩子，甚至是质问孩子，让孩子觉得父母有一种居高临下的感觉。这样的做法并不正确，因为孩子渴望的是平等地交流，所以，父母可在接纳和认同孩子的情感的基础上，心平气和地询问。

- **引导孩子站在别人的立场上思考。**孩子在思考问题的时候，一般只站在自己的立场上，不会考虑别人是怎么想的。父母可以启发孩子想一想别人为什么要这样做，引导孩子换位思考：如果换作自己，应该如何去做等。

- **把孩子面对的问题清楚地说出来。**父母可以表示对孩子立场的理解，并为孩子提供一些信息、建议和选择的机会，多用一些假设的问句，鼓励孩子自己去选择和分析。

- **给孩子一片属于自己的空间。**人的一生中，也许对于有些经历，一些人更愿意独自去面对，甚至永远都不想告诉任何人。因此，孩子遇到了类似的麻烦又不愿意开口的时候，我们不能去逼他说话，最好是随孩子自己，同时让他知道，如果改变了主意，父母随时都愿意帮助他。

建议18：小心唠叨引发代际"战争"

"唠叨"几乎是中国式家长的一种"文化符号"。改变"唠叨"的习惯，应当是中国家庭教育的一把钥匙，因为教育的秘诀是三分教，七分等。

唠唠叨叨、唉声叹气、怨天尤人，这些行为不仅极大地伤害父母在孩子心目中的形象，还会引发两代人之间的"战争"。

尽量少唠叨，可以避免代际"战争"，优化亲子关系。

父母都希望和孩子的关系融洽。可是，我们成天对孩子唠叨、抱怨，孩子能愿意吗？我们希望能得到孩子的理解，但是，我们却没有想过要去理解孩子。

一个星期天的早上，天津市第十七中学的学生李晓睡懒觉11点才起床。母亲打心里不痛快。催问他作业写完了吗？复习了吗？唠唠叨叨一大堆，像小钢炮似地轰了过来，大有炸平庐山之势。李晓毫不示弱，暴跳如雷，大声吼道："你别管，就不写作业，就不复习！"他气急败坏地一下子把书包里的书全部抛了出来，不但撒了一地，铅笔盒还把厨房的一块玻璃也砸碎了……

有些父母对孩子干涉过多，整天唠唠叨叨，千叮咛，万嘱咐，结果适得其反，使孩子的依赖性更强，性格更孤僻，遇到不顺心的事更容易发脾气，亲子间的关系也会逐渐僵化。

孩子已经是一个有自主能力的人了，他不希望父母对自己的生活有过多干涉，他相信自己能处理好这些事情。如果父母整天像监控器一样注视着孩子的每一个举动，稍有不满意就开始唠叨，这种声音也就成了亲子沟通的阻碍。

父母对孩子的伤害不一定就是打骂，很多时候，父母的唠叨也会给孩子带来难以言传的刺激。

2000年发生的"徐力杀母案"，震惊了整个社会。为什么一个17岁的高中生会亲手杀死自己的母亲？《中国教育报》的记者周大立采访了监牢里的徐力，揭开了这场凶杀案背后的故事：

徐力的母亲对孩子的期望很高，希望孩子永远都是最优秀的。因而不断地给徐力施加压力，每次考试都规定他应该考到全班前几名。徐力不想辜负母亲的期望，也十分努力地学习。母亲随着工作压力的增大，对他的要求也更加苛刻，时常在嘴边唠叨着他的学习，连唯一的爱好——踢足球也被她严厉禁止了。可母亲从不过问他的烦恼，有时徐力想说上几句，她就会开始没完没了地唠叨。

久而久之，徐力也不愿意和母亲沟通了。有一天，母亲又开始了她的唠叨，徐力竟找到了一把木柄榔头，毫不犹豫地向母亲的后脑勺猛击过去……

显而易见，徐力杀害母亲的导火线就是母亲的唠叨。母亲的唠叨让他感觉到沉重的心理压力。是这种压力又没有任何突破口让他得以释放和发泄。母亲唠叨在这一天再一次刺激了他，他积压已久的心理压力终于爆发出来，对母亲的怨恨彻底让他丧失了理智和情感，作出了疯狂之举。

父母对孩子倾注了厚重的爱，而爱的表达方式应当是孩子愿意接受的。唠叨只会引发争吵，使孩子稚嫩的心灵受到伤害。孩子无法接受这种爱，反而会逃避父母的爱，最终怨恨父母的爱。父母如果想让孩子有一个健康的心理，就应当选择一种合适的表达爱的方式。

要想改善亲子关系，关键在父母。父母应该注意自己的言行举止给孩子带来的影响，避免因唠叨引发代际"战争"。

怎样才能减少唠叨，避免因唠叨引发代际"战争"？我有以下几点建议。

- **控制自己的情绪**。有些父母在对孩子的行为不满意时，喜欢唠唠叨叨。其实孩子并不喜欢任何唠叨。作为父母，在任何情况下都要保持冷静和理智。如果的确难以控制自己的情绪，可以为孩子想想，他们需要的是开明的父母，而不是事事干预的监控器。

- **重视身体语言**。父母对孩子的关爱、信任、尊重、欣赏……许多时候也不需要言语表达，赞赏的微笑，善意的拍拍肩膀，信任的注视，温柔的爱抚……这些比千言万语更有力量。

- **以一颗平常心来对待孩子**。有的父母常根据自己的意愿，无论孩子是否愿意，总是把自己的理想强加给他们，使他们无法承受这些压力。俗话说：条条道路通罗马。何必要苦逼孩子做超出他们能力范围的事？父母应该尊重孩子的选择，根据孩子的实际情况来制定目标。

- **对待事物要乐观**。父母可以找些有趣的事做，跟朋友诉苦，写日记……什么都可以。在自己心情低落时，最好别教训孩子，不妨待在自己的房间里调节一下。

建议19：跟孩子讲"活"大道理

所谓大道理，是指人生中最基本的规律，由于长期以来，我们的人生观教育有不少是假、大、空的，所以，如今一提"大道理"，青少年立即产生腻烦的心理。大道理是要讲的，关键是怎样讲。

其实，孩子绝不是听不懂道理，只是父母没有掌握好说理的方法。别说孩子，成年人也不喜欢坐在台下听领导做报告，往往边听边想："又是一通大道理！"让孩子乐意接受大道理，最好的方式是跟孩子讲"活"大道理。

父母若想让孩子接受一个道理，不妨把道理给讲"活"了，让孩子在轻松的氛围下愉快地接受。

有位母亲是这样给孩子讲道理的：

有一位母亲发现孩子偷偷拿了家里的钱，她并没有立即责怪孩子，而是给孩子编了个故事：鼠妈妈准备了一小篮花生，这天她正打算给生病的鼠爷爷送去，却发现少了好多。于是，她找呀找，鼠宝宝发现了满头大汗的妈妈，心里很难过，原来是鼠宝宝肚子饿偷偷地吃了一些，又怕挨批评，所以不敢告诉妈妈。但最终，他还是走到了妈妈的面前……

然后，母亲让孩子自己编下去，"鼠宝宝会怎么说？""鼠妈妈原谅了鼠宝宝没有？"最后，再问孩子："想不想向诚实的鼠宝宝学习？"这位母亲鼓励孩子做错了事自己要承认，并告诉他以后有什么要求，可以向爸爸妈妈提出来，合理的要求大人都会同意的。此后，家里再没有发生过类似事件。

这位母亲是很聪明的，她用娓娓动听的故事传达了重要的道理。其实，孩子背着父母拿钱是常见的现象，他们第一次这样做，心中并不一定有"偷"的概念。但如果父母处理不当，孩子形成不良的习惯后就很难解决了。

把大道理讲"活"，孩子才会印象深刻。

　　枯燥乏味的东西很难留下深刻的记忆。跟孩子讲一些死板的道理，就像是在水面上划过一道痕迹，很快就会被遗忘。只有"生动活泼"的道理，才会使孩子印象深刻。

　　著名的古植物学家斯行建，一次带着妻儿一起去中山陵游玩。他一路上不停地敲打着山坡上新露出的岩石，以期能寻找到化石。妻子多次催促他，他才起身继续带全家向前走。到了无梁殿，他不叫儿子抬头注意那没有一根梁的雄伟大殿，却指给他看殿外屋檐下的青石块。他指着石块上一个个滴水的小洞，对儿子说："你看，一滴水的作用是微弱的，但是长年累月地滴，就能把坚硬的石头滴穿；搞科学研究就需要这种精神，只要有一点时间就把它挤出来，用来学习、工作，只要坚持不懈，你就会取得成功。"

　　有些父母总是对孩子说"你要……""如果不……就会……"，孩子会觉得很枯燥，无法引起兴趣。实际上，道理并不是什么抽象的东西，而是和我们的日常生活密切相关，只有生动形象的、能够引发孩子兴趣的道理，才有可能在孩子心中留下永恒的记忆。

　　只有自己悟出来的道理，才是真正属于自己的。而只有把大道理给"活"化了，孩子才能从中悟出自己的东西。

　　威尔逊要到山里去参加为期两天的野营活动，出发前，妈妈发现他没有带齐衣物，但没有提示他。两天后，他刚回到家，妈妈就问："怎么样，这次玩得开心吗？"威尔逊说："我的衣服带得太少了，而且由于我没有带手电筒，每天晚上都要向别人借，这两件事搞得我好狼狈。"妈妈说："为什么衣服带少了呢？""我认为那里的天气会和这里一样，所以只带了平常穿的衣服，没有想到山里会那么冷！下次再去，我就知道该如何去做了。""下次如果你去佛罗里达，也带同样的衣服吗？""不会的，因为佛罗里达很热。""是的，你应该先了解一下当地的天气情况，再做决定，是吗？那么，手电筒是怎么一回事呢？"……

　　母亲在和孩子的一问一答中，帮助孩子总结了活动的教训。其实，这位母亲完全可以事先提醒孩子，但她认为，孩子自己的经验对于他们的成长是很重要的。因此，她没有提醒孩子，而是让孩子从事实中总结教训，感悟出人生的道理。

　　若孩子一出现问题，父母就马上指出来，孩子便不知道自己错在什么地方，有可能再次出错。

　　只有跟孩子讲"活"大道理，孩子才会真正地接受，才会内化为他们自己的东西。如果只是一味地说教，不仅令孩子难以接受，还有可能引发家庭矛盾。

父母怎样跟孩子讲"活"大道理呢？我有以下几点建议。

- **在比较中说明道理**。有些父母想让孩子接受自己的观点，就直接跟孩子滔滔不绝地讲起来。这样做的效果并不佳，因为孩子的旧观念已经根深蒂固了，它排斥着其他的观念。父母不妨把新的观念和孩子脑子里的旧观念做一个比较，让孩子体会到两种观念之间的优劣，孩子就会很主动地接受了。

- **用科学依据说服孩子**。如果没有跟孩子阐述充分的科学依据，而是直接让孩子干这干那，他们就难以信服。大多数孩子都相信科学。因此，父母若要说服孩子，可以多看一些科学知识书刊，了解一些科学知识，还可以把这些书籍和刊物推荐给孩子看。

- **结合实际情境说道理**。同样的道理，在不同的条件、环境下说，效果会有所不同。在特定情境下给孩子讲道理，孩子就不会觉得父母是在教训自己，于是就会很自然地接受，并留下深刻的印象。比如，父母教育孩子要珍惜今天的生活时，可以带孩子去参观烈士陵园或者革命老区。

- **让孩子站在别人的角度去思考**。让孩子进行"换位思考"，比如，教育孩子不要拿别人的东西，就可以这样问孩子："要是有人把你最喜欢的变形金刚玩具拿走了，你会怎么想？"

- **用事实教育孩子**。有的父母一发现孩子有错，就马上指出来。其实这样并不明智，因为太早指出孩子的错误，孩子只会随口答应，不会留下深刻的印象。有时孩子需要吃点苦头，正所谓"吃一堑，长一智"。只有孩子经历过，并自己认识到错误，才会有印象。

- **用故事点出道理**。每个孩子都喜欢听故事，我们在教育孩子的时候，可以讲一些有趣的故事，让孩子从故事中明白道理。父母可以以孩子的错误为背景自己编故事，也可以讲一些很有教育意义的名人逸事等。

建议20：在游戏中寻找交流契机

　　常常有父母因找不到与孩子交流的契机而万般烦恼。其实，游戏就是很好的机会。在游戏中交流，孩子不再感觉到父母是威严而不可抗拒的铁面家长，而是有意思的玩伴。父母与孩子在游戏中进行沟通，能够收到良好的教育效果。

　　游戏，是父母与孩子进行交流的大好时机。聪明的父母常会以游戏的方式来教育孩子，把苍白的说教变成生动有趣的游戏，孩子不但不会反感，反而更加容易接受。

　　我们来看看诚诚的妈妈是怎样做的：

　　一天，诚诚拿着一根木棍当马骑，并用小树枝当作马鞭抽打着，诚诚玩得很开心，过了一会儿，他扔下木棍跑去玩别的。这一切全被妈妈看在眼里，于是妈妈提来小桶对诚诚说："看，马跑了半天，一定累坏了，让它喝点水吃点草吧。"诚诚高兴地接过小桶给马"喂水"，还自言自语地说："我的小马儿，你喝饱了吗？现在我牵你到马棚里吃草吧……"

　　这位母亲懂得抓住时机对孩子进行教育，孩子玩完"骑马"的游戏，再也不会把木棍一扔了事，而是对"马"关怀备至，既发展了语言和想象的能力，又培养了良好的习惯。而这一切都是在轻松愉快的玩耍中进行的。

　　游戏能为家庭营造一种轻松快乐、自由自在的氛围。父母们暂时收起了严肃的面孔，和孩子们一起玩闹，在这样快乐的氛围中，父母与儿女之间的关系是亲密和谐的。

　　只要有心，我们一定能在各种各样的游戏中找到最佳交流时机。这时，我们会发现与孩子交流并不难，因为，我们真正地走入了孩子的内心世界，真正地成为孩子的玩伴。

　　怎样在游戏中寻找与孩子交流的契机？我有以下几点建议。

　　● **鼓励孩子做家庭游戏。**有的父母总觉得工作忙，没有时间与孩子一起游戏，即使有时间，也只是陪着孩子看看书，做做作业。其实，这样做远远不够。因为，游戏能增进亲子关系。父母再忙也要注意抽出点时间与孩子做些游戏。比如，捉迷藏、放风筝、家庭智力问答等活动。

- **为孩子创造一种童话般的氛围**。孩子眼中的世界是充满幻想、五彩斑斓的。过早接触现实对孩子来说是残酷的，早熟的孩子是"危险"的。一颗纯洁的童心是孩子最珍贵的东西，也是成人身上所没有的。为了保护孩子的童心，父母可以给孩子制造些氛围，像装扮成圣诞老人给孩子派送礼物，给孩子表演一些小魔术等。

- **在游戏中多与孩子交流**。有些父母嫌孩子太吵，于是禁止孩子游戏。实际上，这一行为并不正确。因为，游戏是孩子的天性，禁止孩子游戏实际上就是扼杀孩子的天性。父母可以借游戏寻找与孩子沟通的话题，趁此机会了解孩子，还可以引导孩子改正错误。

- **与孩子的对话尽量带有趣味性**。同样的道理，用不同的方式去说会产生不同的效果。孩子不喜欢呆板的说教，要想使他们愿意听父母说话，父母的说话方式首先就得吸引住他们。父母可以说一些孩子感兴趣的话题，说话时多用形象、类比的方法。

建议21：让书信成为联结两代人的纽带

打电话、发短信、网上聊天等通信方式简便而时尚，书信这种传统的交流方式逐渐被新型通信工具所代替。不过，在教育孩子方面，写信却是一个非常好的亲子沟通方式。

有很多父母会问，与孩子近在咫尺，有什么需要沟通的直接口头交流不就行了，写信多麻烦啊。这种想法并没错。可是，自己一站在孩子面前，就不知从何说起，或是无法控制自己的情绪，这是我们生活中常常出现的局面。如果我们能采用书信的形式，将自己的想法用文字表达出来，岂不是更能引起孩子的关注，发挥更好的效果？

与孩子面对面交流时，父母往往难以控制自己的情绪，孩子也容易把父母的话当作耳边风，甚至产生反感。但当一封饱含真挚感情、思路清晰、富有说服力的信摆在孩子面前时，孩子的心灵更容易受到触动，孩子对此的印象会更加深刻。当孩子给父母回信时，他会仔细思考，从而得出自己的感悟。

有位母亲名叫于秀娟，她与女儿进行书信交流已经很多年。

有一天，女儿向母亲提出拿钱给同学买毕业纪念卡，以表达几年来同学之间真挚的友谊。面对孩子的合理要求，母亲同意了。晚上，母亲经过一番思考和准备，在女儿的抽屉里放了一封信。在信中，母亲给女儿算了一笔账，详细列出孩子一年来为同学、朋友过生日、送礼物的各种开销，同时引了一篇来自贫困山区希望小学的报道，还附上了几张母亲亲手做的贺卡以及自制贺卡的方法。第二天，女儿看到信后，经过思考，理解了母亲的一片苦心，决定自己做贺卡送给同学。

这位母亲只是通过书信表达了自己的想法，她并没有要求孩子做什么，而是让孩子自己从中悟出道理，让孩子自己作出决定。这种方式，不仅使孩子拥有了自主的权利，还尊重了孩子。这样，孩子不但不会反感，反而更加重视父母的话语，仔细地思考父母所写的内容，从中体会到父母的苦心和关爱。

父母通过书信不仅能教育孩子，更能引导孩子健康成长，走向成功。两代人之间的书信交流，不只是思想上的交流，还负载着父母对子女的拳拳之心和子女对父母的真挚之爱。

于秀娟的女儿上了中学后，迷上了金庸的小说，走时看，躺时看，真是到了手不释卷的地步。这时，于秀娟在"信箱"里给女儿放上这样一封信："……多吃五谷杂粮，才能身体强壮，只有博览，才不至于浅薄。"令她吃惊的是女儿的回信："……片面的深刻远比全面的肤浅强。"女儿说得也有道理，但过于偏激了，于是她再次给女儿写道："固然如此，却始终不如博中见约为好。记得培根有一段名言：'读史使人明智，读诗使人灵秀，数学使人严密，伦理使人庄严，逻辑使人善辩。凡有此学，皆成性格。'你不想一试吗？"经过几天的思索，女儿回信了："妈妈，我理解你的苦心，也开始体会到均衡发展的知识结构之重要，今后我愿意尝试广览群书，博采众长，逐渐'把自己变成书的一部分'。"

孩子由于年幼，有些事自己还把握不好，这就需要父母的指导。可是，孩子也是一个独立的个体，他不希望父母主宰他的一切。由此，父母可以转变自己的方式，不直接干预孩子的事情，而是作为一个旁观者给孩子以指导和帮助，引导孩子走向成功的道路。

书信，是人们交流情感的重要方式，父母和孩子可以通过书信走入对方的内心世界，相互沟通，相互了解。只有父母与孩子能够坦诚地交流，他们的关系才可能更加亲密和融洽。

怎样让书信成为联结两代人的纽带，使亲子关系更加融洽？我有以下几点建议。

- **饱含真挚的感情**。有的父母写给孩子的信不真诚，虚情假意。这样的信只是一种形式而已，起不到书信交流应有的作用。写信给孩子之所以是一种好的交流方式，是因为这种方式很感人，是写信人真实感情的流露。父母写信给孩子的时候，要注意自己感情的真诚。

- **可以用各式各样的书信形式**。写信的形式可以多种，比如，有的家庭用"家庭日记"的方式，有的家庭就用一般的信件形式，还有的家庭经常使用留言条的形式……，只要是孩子愿意接受的形式都可以使用。

- **鼓励孩子写信**。父母可以鼓励孩子写信，鼓励他们书写自己真实的想法，抒发自己真实的情感。让孩子觉得父母就像一个亲密的朋友，什么事都可以向其倾诉，什么问题都可以与其讨论。

- **话题的范围可以广泛**。有些父母写信的话题仅仅局限于学习方面。生活与学习是相互联系的，如果把话题局限于某一方面，父母就不能更好地了解孩子。其实，父母与孩子写信的话题可以很广泛，包括为人处世、社会人生、个人爱好等生活的方方面面。

建议22：和孩子来个"君子协定"

父母长期的唠叨和啰唆常常会引起孩子的反感，不仅起不到良好的教育效果，还会降低父母在孩子心中的威信和地位。其实，对于教育孩子而言，制定一个"君子协定"来考核他们的行为，往往比不断地唠叨和提醒有效得多。

同样的问题，处理的方式不同，导致的结果也会不同。教育孩子也是这样，选择一种正确的教育方式能让父母更好地教育孩子。

有一个广为流传的故事：

一位12岁的美国男孩踢足球，不小心踢碎了邻居的玻璃，人家索赔12美元。当时，12美元可以买125只生蛋的母鸡。闯了大祸的男孩向父亲认错后，父亲让他对自己的过失负责。儿子为难地说："我没钱赔人家。"父亲说："这12美元借给你，一年后还给我。"从此，这位美国男孩开始了艰苦的打工生活。经过半年的努力，他终于挣足了12美元，还给了父亲。

这位男孩后来成为杰出的人物。父子之间的协定，使孩子懂得了什么是责任。父亲没有责骂孩子，却使他受到了更多的教育。可是，如果发生了同样的事情，我们会这样处理吗？会不会自己上门给邻居道歉、赔款，回家后狠狠地骂孩子一顿，甚至打孩子一顿？会不会在以后很长一段时间里还不断地提起这件事情？如果那样，不仅不会让孩子懂得什么是责任，还会使孩子产生反感，进而躲避父母。

在《儿童教育就是培养好习惯》一书中，讲述了这样一件事：

王宝贝的妈妈一直希望自己的独生子比同龄人优秀，每天不是问学习，就是问成绩，要不就问他与同学的关系，还陪他做功课。其实，王宝贝是一个勤奋好学、性格开朗的学生。王宝贝说，他很努力地学习，希望妈妈满意。本来在学校一天的生活已经很紧张了，回家还要应付妈妈没完没了的问题，不回答吧，妈妈就不高兴，他特别无奈。于是，聪明的王宝贝主动与妈妈制订"君子协定"。母子双方都签了字，然后按照协议行事，很快母子间的紧张关系就消除了。妈妈不再唠叨，王宝贝也主动告诉妈妈在学校的情况。

为了帮助孩子成为优秀的人才，父母必然会对孩子的言谈举止、学习成绩、生活习惯等方方面面进行观察和监督。而父母的啰唆与唠叨却容易引发孩子的反感，激起孩子情绪上的对抗。此时，最好能和孩子来个"君子协定"，共同提高自我约束、自我控制的能力，共同进步。

怎样和孩子制订"君子协定"？我有以下几点建议。

- **与孩子共同制订**。有些父母制订"君子协议"时，只从自己的角度出发，不替孩子着想。这样的协定，实际上没有多大作用，孩子不一定愿意执行。其实，父母可以让孩子参与协议的制订。比如在制订时，开个家庭会议，充分尊重各方权利、综合各方面意见后，再列出各项条款。

- **从实际情况出发**。有的父母没有考虑孩子的实际情况，制订一些孩子根本就做不到的条款。其实，这也是一种无效的条款，没有实际的操作性。父母和孩子制订协议时，要仔细地思考，充分考虑孩子的实际情况。

- **具有可操作性**。各项条款应尽量仔细、具体，不能毫无指向，不能模糊。比如，"孩子得听妈妈的话"，这项条款的含义就十分模糊，难以执行。一旦遇到具体的事情，亲子之间有很大余地可以争辩或耍赖。

- **最好以书面的形式确定下来**。有的父母认为自己是家长，孩子就得听自己的，因此根本就没有必要签订协议。这样的想法就不对了。因为，双方签订协议，是相互尊重、相互平等的表现。协议最好是以书面的形式出现，人手一份，并且签字。对于一些短期的行为，在双方都能遵守的情况下，也可以采用口头承诺的形式。

建议23：用幽默润滑家庭关系

幽默的语言不仅是谈话的调料，也是智慧的火花，更是心态开放的表现，甚至还是一种调节家庭关系的润滑剂。

父母时常来点幽默，既可保持亲子之间的有效交流、情感沟通，又能引导孩子养成一种幽默的思维习惯和表达方式，有助于孩子掌握与人交往的艺术，可以说是一种很明智的举动。

父母应该努力培养自己的幽默感，愉快开朗的父母才会培养出愉快开朗的孩子。

苏杭是天津市作协的一位作家，也是一位成功的母亲。在她们家，一家三口都有绰号。绰号的内容总在变换，善意的褒贬通过幽默的形式表达出来。她爱人近年来睡觉添了打呼噜的毛病，吵得她和女儿难以安睡。女儿送给他一个"呼啸山庄"的雅号。苏杭经常替别人排忧解难，绞尽脑汁、费尽周折，甚至夜不能寐。当事情有了好结局，她就高兴得好几天神清气爽，为此，家人叫她"帮忙综合征"。女儿从小动作不紧不慢，大家都形象地叫她"树懒"。树懒这种动物，动作反应慢，终日趴在树上，星期一给它打一针，星期四才叫疼。因此，父母一招呼"树懒"，女儿就笑着加快了动作，比烦躁的催促更管用。

家庭关系就在这些简单的小幽默中得到了增进。孩子会觉得父母是那么和蔼可亲，父母也会感觉到孩子可爱乖巧。这样，家庭的气氛自然也会轻松愉快。

让幽默成为调节家庭关系的润滑剂，使孩子在欢笑中明白事理。

孩子在成长过程中难免走一些弯路，对于孩子一些幼稚可笑、不切实际的想法和做法，父母与其责备教训，不如以轻松幽默的态度对待，让孩子在欢笑中意识到自己的谬误。

举个例子来说明：

姚彩霞的儿子一心要上五台山当和尚，这时，责骂是没有用的，说不定反而激起孩子对现实生活的反感。姚彩霞在听到儿子这种想法时，口气平静地问："当了和尚你能做些什么呢？"儿子胸有成竹地回答："念经，我每天念经。""念经也要有文化，经文都是古汉语，和尚里头硕士博士多得很，你才念了三年半的书，字还认不全，经文怎么看得懂呢？"儿子愣住了。她口气越发轻松："还有，和尚可都是不吃荤的。你要想当和尚，行！在家里妈妈先给你训练训练。从明天起，给你单开小灶，每天吃青菜豆腐！""这个……"儿子张口结舌。

母亲通过轻松的语调、从容的态度和适度的幽默感，巧妙地让孩子明白了自己错误的行为。试想，如果这位母亲直接跟孩子说不许这样做，孩子可能会怎样？孩子可能一气之下真的产生厌世情绪，出家去做和尚。这样的话，后果将不堪设想。

如何让幽默成为调节家庭关系的润滑剂？我有以下几点建议。

- **从生活细节中创造**。有些父母认为运用幽默很难，不知道怎样使用。其实，幽默就在我们身边，在生活的细节中。父母可以从小处着手，在生活细节处创造轻松愉悦的气氛。比如，经常在饭后讲一些笑话或白天见到听到的有趣事儿，也可以和孩子进行"机智问答"或"脑筋急转弯"等。

- **用轻松宽容的心情对待问题**。有的父母在孩子犯错时，不能控制自己的情绪，显得非常急躁。这样一来，不但不能让孩子认识到自己的错误，反而会使孩子产生反感情绪，甚至怨恨父母。因此，在孩子犯错的时候，父母要注意提醒自己控制好情绪，耐心地和孩子交谈，尽量对孩子微笑。

- **语言生动有趣**。与孩子说话的时候，可以使用一些有趣的语言。比如，当孩子把房间弄得很乱时，我们可以这样说："哎呀，房间这么乱，我快要晕过去了，快来扶我一把。"

- **多利用"现成的"幽默材料**。有些父母天生缺乏幽默感，行事颇为严肃拘谨，这无疑给亲子间富于幽默情趣的沟通制造了某种障碍。其实，只要父母具备爱心和耐心，同样可以使自己与孩子间的沟通更加轻松幽默。这样的父母可以多阅读笑话、幽默小品等，培养自己的幽默感，还可每天读几则幽默故事给孩子听，陪孩子看动画片、漫画等。

第4章
父教是不可缺少的

建议24：当孩子的精神支柱和榜样

在家庭教育中，父亲应该扮演一个什么样的角色呢？这个值得深思的问题，已经引起了许多家庭的注意。

父亲是家里的支柱，在孩子心目中的地位常常是至高无上的。与母亲相比，父亲常代表着一种榜样，是坚定的意志、勇敢的行动、忍耐的力量、勤奋的探索等具有力量的象征。可以说，家教中父亲的作用不可替代。

诺贝尔的成功就离不开父亲的影响：

举世皆知的炸药大王艾尔弗雷德·诺贝尔在7岁时，曾不解地问父亲：炸药伤人，为何还要制造它？父亲告诉他，炸药的用途非常广：可以修路、开矿、发展工业。可他还是认为太危险，因为父亲曾因实验炸药而引起火灾，倾家荡产，不得不迁到了邻国。但父亲的话却让他终生难忘："是啊，太危险了，若大家都怕危险，都不想干，那就永远不会有人类的进步，要知道，事业比生命还重要！"

诺贝尔正是在父亲对事业的热爱和追求的影响下，正是在父亲勇于冒险的精神影响下，才有了自己的成功。

生活中，我们经常会看到下面这样的事情：

母亲陪同顺顺参加平谷区"过农家生活"的活动。顺顺住在一户养了两条狗的农家。顺顺胆小，吓得坐立不安，偏巧妈妈也从小就怕狗，于是出来进去，总领着他躲着走。吃饭时，狗闻着香味拼命叫唤，顺顺饭也没吃下，夜里睡觉也提心吊胆。第二天上午，他们与女主人一起去苹果园摘苹果，狗又跟着来了，吓得顺顺拼命地跑，顺顺越跑，狗越追，直到主人把狗喝退。回到家中，顺顺委屈地向父亲述说了这段经历，父亲却说："这有什么呀，你见到狗以后，不要跑，蹲下来做捡石头的样子，用眼睛瞪着它，它看到你很凶，就不敢惹你了。"

由此可见，父亲更善于解决矛盾，更能给孩子勇气，教孩子遇事果断而不慌忙。孩子在父亲身边，更容易具有阳刚之气，形成较强的承受能力。

父亲由于男性特有的特征，扮演着独特的社会角色。他对孩子的榜样作用不同于母亲，他更敢于放手孩子，让孩子学会独立。

奥托·波尔的父亲就是这样做的：

奥托·波尔的父亲带波尔去采集标本，母亲总会唠叨、阻止。父亲就和孩子悄悄商量明天去哪里，并要求他别把计划告诉母亲。等母亲知道此事时，已来不及阻拦。父亲总是带他去很远的地方，他要求孩子不带午餐，路上饿了自己想办法。他们在山上野炊，有时只弄到一份食物，就给父亲吃了，波尔只能饿着肚子，但他很快乐。

波尔的父亲用自己的方式去爱孩子，不束缚孩子，给了孩子极大的自由空间，其实这正是在培养孩子的独立生存能力，这就是父亲的独特作用。

父亲因其特殊的男性生理、心理特征，能从广泛和高度的社会角度去教育孩子。父亲自身的素质、能力等多方面的东西决定了他们特殊而重大的作用，因此，父亲要充当好孩子的精神支柱和榜样，促进孩子的健康成长，以使孩子更好地适应社会。

那么，父亲如何当好孩子的精神支柱和榜样呢？我有以下几点建议。

- **父亲要花时间陪伴孩子**。比如，每天下班后用半个小时到一个小时与孩子一起活动，或者，每周安排3～4个小时与孩子一起进行户外活动。

- **父亲要尽可能地完善自身**。要注重与孩子沟通的质量和效果，要用亲和的方式在深层次潜移默化中影响孩子，要尽可能地完善自身，提高自身修养和个人魅力。

- **做孩子的伙伴**。父亲要注意关心孩子的思想与学业，抽出时间来与孩子一起讨论问题。常和孩子玩耍，做孩子的玩耍伙伴，这是与孩子交流的最好机会。多跟孩子做游戏，使自己进入孩子的"玩伴"角色，更容易成为孩子的朋友。

建议25：带领孩子参加体育锻炼

一般来说，和父亲接触多的孩子，身体素质、动作灵活性等方面的发展都表现出色。原因在于父亲特有的男性特征影响了孩子，比如父亲爱运动，孩子和父亲在一起体育锻炼就会较充分。

实际上，在父亲的带动下，孩子不仅增强了体质，心理健康也得到了积极的发展。

经常参加体育锻炼，能使人的神经系统兴奋和抑制的交替转换过程得到加强，从而改善大脑皮层神经系统的均衡性和准确性，促进人体感知能力的发展，使思维活动更加灵活、协调。

在2006年《不输在家庭教育上》的下卷中，有这样一个故事：

9岁的丁丁在读小学三年级，以前总是坐不住，非常调皮。但自从父亲带他练瑜伽后，他学得有板有眼，渐渐喜欢上了这种好玩的"活动"。因为瑜伽不仅能强健身体，更能通过一招一式的练习获得一种良好的习惯和深层次的启迪。于是几个月下来，丁丁的注意力提高了，学习成绩也渐渐提高了。

丁丁的父亲认识到了体育的作用，并利用体育帮助孩子养成了健康的生活方式、良好的学习习惯，既促进了孩子的身体健康，也使孩子的智力水平得到提高。

体育活动，讲求竞赛规则，参加者必须克服困难，遵守规则，而且必须要有平稳的心态，这对培养良好的个性心理很有帮助。

著名乒乓球运动员邓亚萍，她打球素以硬、快、稳而著称，临场总能很好地调整心态，不让对方轻易胜球。这和小时候父亲对她的引导和训练是分不开的。运动场上，不仅是战术技术的较量，更是心理意志的比拼。一个优秀的运动员不仅要有过硬的技术，更要有良好的个性心理。邓亚萍在乒乓运动事业上取得的辉煌，与她平时经过训练养成的良好个性心理分不开。

无论做什么事情，都需要良好的个性心理，进行体育活动恰好是获得良好个性心理的有效手段。

父亲带动孩子参加体育锻炼，重视孩子的体育教育，对孩子的身心健康成长大有裨益。在这方面，父亲的独特角色充分得以展现，起着母亲不可替代的作用。

那么，父亲如何根据孩子的具体情况，选择不同的运动方式，对孩子进行引导和训练呢？我有以下几点建议。

- **克服孩子不太合群**。可以选择足球、篮球、排球以及接力跑等集体体育项目；帮助孩子逐步改变孤僻的习性，适应周围的群体交往。

- **克服孩子胆小**。如果孩子胆子小，容易害羞，就可以建议孩子选择一些具有挑战性的项目进行锻炼，如游泳、溜冰、滑雪等活动，这些活动大多要求不断克服害羞、胆小等心理障碍，战胜困难。

- **克服孩子优柔寡断**。经常带孩子参加乒乓球、羽毛球、网球、击剑等活动，这些活动对于锻炼人的果断性具有很大作用。

- **克服孩子性情急躁，爱冲动**。最好能多带孩子参加下棋、打太极拳、慢骑自行车等需要考验控制力的活动，这些活动有益于稳定情绪。

- **克服孩子好逞强，爱自负**。可以选择一些难度较大、动作复杂的跳水、体操、跨栏等项目进行锻炼，以克服孩子自大的心理，也有利于培养他做事稳重的习惯。

建议26：帮助孩子性别角色正常发展

心理学研究表明，父亲在子女性别角色的发展方面比母亲所起的作用更大些。儿童在5岁前恋母，对父亲没有过多的需要，5岁以后，就由恋母转移到恋父，尤其是男孩子，必须模仿和学习父亲的样子以增强自身的男性意识，否则以后会在心理、人格等方面产生欠缺。

父亲身上独有的男性特征，比如独立性强，给人力量，表现威严等，都会像指路标一样给孩子启示。

孩子往往从父亲那里获得强有力的精神力量，学会敢于面对困难、勇于挑战。男孩变得更勇敢、女孩则变得更坚韧。

在孩子成长中最需要引导和教育的时候，父亲一定要发挥自己的角色，千万别走开。父亲的作用不可低估，孩子身心的健康发育离不开父亲的身影。

缺乏父爱的孩子，在成长的关键时期，其性别角色发展会受到影响。男孩子易出现女性倾向，胆怯、懦弱、自立能力差，毫无男性魅力；女孩子则更易多愁、孤僻，甚至产生心理障碍。

琦琦3岁时，父母离异，从此她就和母亲、姥姥一起生活，家里没有男性，琦琦得不到父爱，这对她的性格影响很大。她很排斥男性，在学校不愿也不敢与男生说话、交流，同学们都说她不合群、太孤僻，因此也不喜欢和她做朋友。她几乎没有好朋友，内心孤独无助，也变得更加痛苦。等大学毕业后工作了好几年，都没谈过恋爱。到了谈婚论嫁的时候，她很惧怕婚姻，怕像妈妈那样结了再离，怕受到伤害。

像琦琦这种情形，就在于从小缺乏父亲的影响和引导，缺乏男性的榜样作用。可见，培育孩子健康、顺利成长，父亲责无旁贷。

那么，究竟怎样做个好父亲，在孩子成长的关键时期帮助孩子性别角色正常发展呢？我有以下几点建议。

- **要有责任意识。**当您有了这种意识以后，就可以见缝插针地教育孩子了。比如，送孩子到学校的时候，可以给孩子讲一讲马路上的见闻；看电视的时候和孩子讨论一些国家大事，让孩子发表自己的看法；等等。
- **带孩子做一些具有冒险性的活动。**父亲可以利用业余时间带孩子做一些例如跑步、爬山、滑冰等母亲很少带孩子做的活动，以弥补母亲在这方面教育的不足。
- **父亲要注意小节。**父亲要很注意自身的仪表风范，给孩子做模范，因为孩子往往是在生活中向父亲学习的。
- **要建立良好的夫妻关系。**夫妻间要合理分配家庭劳务，互相体谅、帮助，给孩子树立楷模，让孩子从中学到夫妻间是怎么互相对待和处理关系的。这种影响会渗透到孩子的心灵，对他以后的家庭生活很有帮助。

建议27：以人格魅力树立父亲威信

家庭教育中，父亲应以人格魅力在孩子面前树立威信。

父亲永远是孩子心目中的权威和偶像。但随着孩子年龄与知识的增长，社会生活介入的加深，孩子越来越发现，父亲并非总是对的，于是，父亲的权威开始褪色。更重要的是，如果父亲的威信消退，而孩子又没能找到正确有力的精神支持，就有可能被一些不良的外来因素诱惑而走上邪路。

因此，保持父亲在孩子心目中的尊严和威信是非常重要的。

现年16岁的虎子，因为和几个"哥们儿"抢一家超市，用刀砍死收银员，被捕入狱。当被问到他的家庭时，他说以前父亲工作很敬业，也很关心他的生活和学习，他总能从父亲那里获得力量，因此他很信赖和尊敬他。但自从父亲下岗在家，就整天邀人打麻将，从此对他的生活和学习不闻不问。父亲还经常因为赌钱的事和人大打出手，拿他出气也是家常便饭。他恨透了父亲，不再信赖和尊敬他，也不愿回到那个狼藉的家，于是便开始和"哥们儿"一起混，最终走向犯罪。

虎子的经历值得所有父亲深思，这种教训就源于父亲放纵了自己，而在孩子面前威信扫地，孩子不再信赖和尊敬他。孩子不能从父亲那里获得精神支持和正确的引导，他们很无助，于是就投向了"哥们儿"的怀抱。

因此，父亲树立威信绝不仅仅是为了自己获得尊严，而是要通过自己的身体力行，通过自己的人格魅力，给正在成长中的孩子树立榜样，做好孩子的精神支柱，而不致使他们迷失了方向。

现在，不少父亲有这样的困惑，孩子把老师的话句句都奉为"圣旨"，而对父亲的要求却往往大打折扣，甚至背道而驰。这就需要父亲反省自身。因为如果父亲不能在孩子成长过程中持续保持其尊严和威信，孩子便不再信赖父亲，两代人的沟通就会出现障碍。

保持父亲在孩子心目中的尊严和威信是很重要的，但是许多父亲对这一点存在错误认识。比如，他们通过侮辱性的打骂对待孩子，伤害了孩子的自尊心；他们总是摆起一副高高在上、永远正确的姿态，让孩子没有申辩的机会。这些做法都是应该避免的。

还有些父亲对孩子要求多多，但自律不严；指责孩子不讲卫生，却看不到自己总是很邋遢；让孩子节俭，自己却不懂合理安排消费；嫌孩子不爱学习，自己却可以逍遥玩乐……，这样的父亲怎能获得孩子的尊敬？怎能获得孩子的真心？这样只会使孩子与父亲的关系越来越远，亲子间的沟通越来越困难，最终不利于孩子的健康成长。

父亲的言传身教会潜移默化地影响孩子，尤其是在孩子人格的塑造上。父亲要注意自己的言行举止，因为它们随时可能种入孩子的心灵。

那么，父亲如何做到以人格魅力树立威信呢？我有以下几点建议。

- **信守承诺**。不在孩子面前夸口，胡乱许诺；对孩子作出的承诺一定要兑现；因为某种原因对孩子失信，应该及时向孩子说明，甚至要郑重道歉，并和孩子商量可以用什么形式弥补。

- **富有责任心**。尊重自己的工作；通过各种渠道丰富自己的知识；多参与社会公益活动。

- **宽容孩子的过错**。宽容孩子的错误，并不是对孩子的错误放任不管，而是指孩子有了过失、犯了错误，应允许他有认识、反省自身的时间和机会。当孩子对自身的过错有了一定的认识并主动向父亲坦白时，父亲不要对过错再追究。因为此时孩子内心感到痛苦、愧疚，最需要别人的理解和信任，父亲对他充满信任和期待，会促使他反省、自律，激发其改过的勇气。

- **注意生活的细节**。孩子对父亲的信服同样依赖于日常生活的细节，依赖于一些父亲可能也没有注意到的习惯。在孩子面前，父亲应该有做决定的果断性；要有勇气敢于说话，比如，和孩子一起出门时，站出来指责你看到的不公正、不道德的行为；在任何情况下要保持冷静和理智；避免唠叨抱怨，找些有趣的事做；跟朋友诉苦，但不要让孩子做这个牺牲品。

- **勇于向孩子妥协**。向孩子妥协并不会降低父亲的威信，相反，如果在满足一定条件的基础上向孩子妥协，孩子会感到父亲可亲可敬。但要让孩子清楚说出他的要求以及理由，要和孩子讨论要求的合理性，向孩子作出一定让步，孩子必须承担相应的责任。

建议28：让孩子学会承担责任

培养孩子的责任感，让孩子学会承担责任，需要从点滴抓起。

孙云晓教授曾谈起过他女儿改掉睡懒觉的习惯。以前，每天早晨他都催女儿起床，可女儿总是不情愿地说："再睡会儿。"如果真迟到了，她又会抱怨父母不把她拽起来。之后，他就决定让女儿自己对自己的事负责。他让女儿自己定闹钟。一次，闹钟响了，她把闹钟一按又睡了，结果一觉睡到十点半，受到老师的批评是自然的了。可她又不能怪父母，因为她应该对自己的行为负责。

此后，她就摆两个闹钟在房间，用来叫自己起床。终于，女儿不再需要父母叫早，而且学会了自己整理床铺，自己准备早餐。这是她摆脱对父母的依赖，走向独立的基础。而这正是在增强了责任心的前提下实现的。

孩子由于年幼，缺乏知识和经验，经常会出现一些过失，这毫不奇怪。重要的是，要让孩子认识到自己的过失，并且要承担责任。

有一天，一位父亲给孩子提出了一个假设性的问题：未来的一天，太阳发射出可以伤害人的毒光，如果某人有一支马良那样的神笔，可以画一个不受毒光照射的保护伞，然而画伞的人是很危险的，那么由谁来画这把伞呢？

于是孩子开始依次推荐人选：爸爸、妈妈、爷爷、奶奶、叔叔、阿姨……唯独没有自己。

在孩子说完之后，父亲说："我想，在危难时刻，我应该第一个去画这把伞。我要想方设法去保护我的家人，因为他们都是我最爱的人，我有责任一定要使他们不受伤害。"听到这里，孩子低下了头，说："我和爸爸一起画。"

这位父亲通过正确、巧妙的引导，让孩子明白人应该有责任心，这无疑是一种有效的教育方法。正如在《教育的秘诀是真爱》一书中，孙云晓教授所言："孩子有过失的时候，恰好是教育的良机，因为内疚和不安使他急于求助，而此时明白的道理有可能使他们刻骨铭心。"

要想让孩子懂事、长大成人，培育其责任心便是根本的前提。真正优秀、杰出的人才，正是在责任心的基础上才培育出进取精神、科学态度和创新能力的。

人自身的发展、人与人的交往、人对社会的贡献，都来自明确的并且认真履行的责任。人的道德自律，遵纪守法也依靠责任感。如果没有责任心，这一切都将是无源之水，无本之木。一个没有责任心的人，与社会的要求是背道而驰的，也终会被社会遗弃。

要想子女成为一个合格的、对社会有用的人，就应当教育他对自己负责、对他人负责、对家庭负责、对社会负责、对国家民族负责、对我们生活的地球负责。这是培养孩子健康人格的关键。

怎样培养孩子的责任感，让孩子成长为合格的现代人？我有以下几点建议。

- **培养孩子主动学习的责任感。**孩子在父母施压下的学习，是被动的、无奈的，甚至会产生厌倦。父母对待孩子的学习要像放风筝一样，握住手中的线，让它相对自由地飞翔。当孩子主动学习时，会有更高的效率。

- **让孩子分担家庭的责任。**让孩子分担家务，了解家里的具体情况，更能使孩子感受到自己是家庭的一分子，认识到应该为父母分忧，为家里尽自己的一份责任。

- **让孩子对过失负责。**孩子犯了错，不要怒色训斥，更不要包庇纵容，而要平心静气地和孩子讲道理，让孩子明白犯错没什么可怕，关键是要及时纠正。父母要引导孩子找到正确的弥补办法。

建议29：正确对待孩子说谎

孩子在不同年龄阶段都可能会说谎。著名教育家艾克曼就指出，无论你如何教养孩子，他们迟早会对你说谎。孩子越大，谎言越高明，而且当说谎得逞又逃过处罚后，谎话就会越来越多。那么，父亲就得纠正孩子说谎的坏习惯，但一定要讲求方式、方法，既要维护孩子的自尊，又要帮助孩子树立正确的为人处事态度。

每个人都会经历幼稚，出现差错和失误。父母在点破孩子的不诚实时，千万别伤害了孩子的自尊，要小心维护。

孩子较小的时候，可能不太懂得"不"的含义，可能会做一些无意识的错误举动，比如拿爸爸妈妈的钱却不说，因为他认为是一家人没有关系。这时父母就要巧妙点拨，使孩子改正自己的错误行为，做个诚实的孩子。

一位父亲发现儿子拿了家里1元钱，却没有告诉父母。这时父母并没有惊慌，而是给孩子演了一场戏。午饭时，妈妈说钱包里少了100元钱，爸爸说是他拿去用了。妈妈故作生气地说，怎么能不告诉她就拿走钱？爸爸对此作出解释：当时急用，而事后又忘了告诉她，爸爸还向妈妈道了歉。孩子看到这一幕，很不解，认为既然是一家人，爸爸怎么不能拿妈妈的钱？妈妈就告诉他，爸爸可以拿妈妈的钱，但要事先跟她说，不然，她会以为是丢了，那样容易造成误会，而且爸爸那样做也是对妈妈的不尊重。孩子听完后，低下头承认他偷偷地拿了家里的钱，认识到了错误。

这对父母抛砖引玉的点拨，使孩子主动承认了自己的错误。从孩子拿钱到诚实地认错，父母一直是用一种很宽松的心态去对待，同时又进行了必要的引导。

偷东西的行为在孩子幼年时可以说并不鲜见。孩子可能并没有意识到事情的严重性，或者为了逃避处罚而撒谎。此时，就需要父母巧妙点拨，使孩子明白事理，并且真正变得诚实可爱。如果点拨方法不当，伤害了孩子的自尊，反而不利于孩子改错，他或许会赌气继续错下去，或许因为伤"面子"而不愿承认。这些都不是父母愿意看到的。

孩子撒谎以后，父母首先要维护他的自尊，这对孩子意识到自己的错误并愿意改正非常重要。

年龄稍大一点的孩子，他捏造谎言可能是为了隐藏事实，逃避处罚。父母遇到的谎言大多是关于孩子学业方面的，孩子可能会改写试卷分数以逃避处罚，或者虚报考试分数以博得父母高兴，等等。

一次，爸爸问小雨考试怎么样，他说还可以。爸爸要看他的试卷和排名表时，他却为难地说弄丢了。爸爸没有审问，没有搜查，只是拍拍他的肩说，爸爸信任他是个诚实、进取的孩子。

过了两天，小雨告诉爸爸老师要来家访，然后欲言又止。爸爸见状，鼓励他说出来。小雨低着头向爸爸道出了真相：原来他在英语考试中，由于作弊，被老师没收了试卷，英语成绩为零分。爸爸听后，没有训斥，而是平静地说："你心里也为此难受。你是希望考好成绩，让父母高兴……"孩子对父亲的理解充满了感激，也下定决心努力学习。第二次考试，小雨成绩名列前茅。

小雨的爸爸没有因孩子撒谎而采取严厉的管教，而是通过朋友式的谈心，很好地与之交流，他对孩子撒谎表示理解，对孩子的认错给予接受，正是如此小心维护孩子的自尊，才促使孩子改掉错误，不断进步。

每个孩子都可能犯错，但父母的爱会使他们不忍心去辜负父母的厚望和信任。如果揭穿孩子谎言的方式不当，伤害了孩子的自尊，孩子也许从此就会破罐子破摔，认为一切都无所谓了，长此以往，后果不堪设想。

孩子是在不断犯错中长大的，父母要帮助孩子，更要保护好孩子稚嫩的心灵和他那小小的自尊。无论孩子做了什么，千万别以伤害孩子自尊的方式进行说教，那样不仅无济于事，还会起反作用。

那么，当孩子说谎以后，如何去及时纠正、有效引导而又不至于伤害到孩子的自尊呢？我有以下几个建议。

- **要及时点破孩子的谎言。**不管孩子处于哪个年龄阶段，撒谎都是不对的。父母对此不能忽视，要及时给予孩子正确的引导，让他明白撒谎是不诚实的，人们都不喜欢撒谎的孩子，但只要认识到自己错了并及时改正，就是好孩子。如果对孩子撒谎不给予干预，有可能误导孩子，使他们误认为撒谎没有什么大不了，有了第一次，就会有第二次，在小事上撒谎，在大事上也撒谎，成人后有可能发展到在学术上、做人上都弄虚作假，后果不堪设想。

- **点破要巧妙**。父母意识到孩子在说谎，不要严厉批评，而要仔细分析孩子撒谎的原因，然后以朋友式的交流使孩子认识到自己错了，这样有利于孩子自愿改错。

- **卸掉孩子的后顾之忧**。发现孩子撒谎后，要给孩子提供一个宽松的环境来道明真相。这就要求父母平时就给孩子较为宽松的家庭环境，较为宽松的心态和空间。如父母不是过分注重孩子的考试成绩，孩子可能就会很诚实地去考试，而不是舞弊、抄袭。

第5章

和谐家庭是孩子成长的沃土

建议30：陪孩子做他们喜欢的事

现代生活的快节奏发展，让很多父母无暇顾及对孩子的教育。这是建设和谐家庭的第一个障碍，苏联教育家苏霍姆林斯基说："没有时间教育孩子，就意味着没有时间做人。"

父母花时间陪孩子，会让孩子感到父母对他的重视，从而更有助于孩子努力学习，以回报父母。

而且，父母与孩子在一起，有利于亲子间的沟通，从而使家庭气氛更和谐。

在《教育的秘诀是真爱》一书中，孙云晓教授曾介绍过一个故事：

苏珊是德国一家报社的记者，与丈夫离异，现在和9岁的儿子一起生活。孩子因为没有玩伴变得很孤独。为了生活，苏珊每天要做大量的工作，回到家已是筋疲力尽，哪还有心思陪儿子玩耍？但是，为了孩子的健康成长，她尽力积极地为孩子安排一些业余活动。

她鼓励孩子踢球，只要有时间，就去球场看儿子踢球，还和其他父母想方设法把孩子调动起来，组织孩子们进行比赛。对于儿子的比赛，她几乎场场不落，还在场上像所有观看世界杯足球赛的球迷们那样大喊大叫，她要让孩子知道，妈妈认为他踢得很漂亮。由此，儿子也常常把心里话告诉她，她再也不用担心儿子是否与不良分子交往了。

我们可以从苏珊的经验看出，多抽点时间陪孩子做他们喜欢做的事，不仅是父母明智的选择，也是孩子们的幸运，因为他们从父母那里获得了尊重和平等。父母要想自己的孩子生活在充满快乐的阳光下，就要陪孩子做他们喜欢的事，与孩子多交流、多沟通。

有的父母常常因为自己陪孩子的时间太少而自责。其实，陪孩子并不是说要天天、时时都陪着孩子，这是不可能的，也是不现实的。有的父母为了孩子，宁肯牺牲自己的时间，可最终的效果并不一定就好。有时，相聚的时间太多，父母常常唠叨个不停，反而引起孩子的反感。

如今社会上存在一种现象——"陪读"，即父母到学校陪伴已经上了大学的孩子读书，负责孩子的日常起居，给孩子做饭、洗衣、整理衣物。他们以为这样可以更好地让孩子安下心来学习，更有助于孩子的学业进展。殊不知，父母这样做的结果反而让孩子变得更加有依赖性，丧失了独立生存、走向社会的能力。我们不禁要问：一个大学生，若需要父母来照顾日常生活，他今后还能做什么？如果父母对此不仅没有醒悟，反而甘愿这样为孩子服务，到底是爱孩子呢，还是害孩子呢？

还有的父母，虽然陪着孩子，但只希望孩子做父母希望的事情，至于孩子喜欢的事情，常常被他们排斥在陪伴之外。这样，孩子非但不会感激父母，反而会觉得父母就是监工，令他们十分反感，恨不能逃离父母的视线。

父母要陪孩子，主要是要陪孩子做他们喜欢做的事情，多倾听孩子的心声，多给孩子一些鼓励和肯定。这样不仅能培养孩子的学习、钻研兴趣，还能使亲子间的相处变得更和谐、珍贵，孩子也会更加体谅父母的良苦用心和辛劳。

那么，应如何奉献时间陪孩子，做到既能满足他们的要求，又不至于剥夺孩子自己支配时间的权利呢？我有以下几点建议。

- **不要轻易拒绝孩子的每一次请求**。当孩子提出"陪陪我"的请求时，父母要尽量满足孩子，不要拒绝孩子，也许父母只要拒绝一次，孩子发现真理的兴趣就会被湮灭。
- **给孩子独立支配时间的机会**。在满足孩子请求父母陪伴的要求之外，要给孩子独立支配的时间，让他有时间独立思考、独立发现、独立解决问题。
- **珍惜和孩子在一起的时光**。父母陪孩子做他们喜欢做的事，要尽情和孩子一起放松，放下做父母的架子，和孩子一起大声地笑、一起开玩笑。在孩子玩得最放松、最开心的时刻，他们往往极具想象力。这说明玩也能玩出学问。

建议31：给孩子一个爱的港湾

美国作家西奥多·德莱塞说："和睦的家庭空气是世上的一种花朵，没有东西比它更温柔，比它更优美。"

孩子的健康成长，离不开和谐的家庭氛围，只有夫妻关系融洽，才能给孩子一个真正的爱的港湾。

夫妻间良好的行为方式，不仅能让孩子感到生活如沐春风，激发出孩子热爱生活、感谢父母的感情，同时也潜移默化地影响孩子的健康成长。

我国著名的学者钱钟书和杨绛，他们夫妻二人和睦相处，共同为学、为人、为家，让人敬慕。他们彼此互相理解，互相支持，度过了生活中最艰难的岁月，生活虽苦，但他们很快乐。他们二人的影响也培养出女儿钱瑗爱学习、爱生活、爱工作的热情。

学者的家庭是温馨而充实的，我们也应该学习他们那种治学、为家的生活方式，学习他们对孩子的成功教育理念。而这一切，需要夫妻间的融洽关系做基础，只有保持良好的夫妻关系，才能有安宁、祥和的家，才能更好地促进孩子的健康成长。

夫妻关系融洽，他们在家庭中必定是配合默契，合理分工，以不同的角色、不同的方式给予孩子关爱，让孩子感到父爱、母爱一个都不能少。

每当小朋友们谈起自己的爸妈多么多么关心自己、爱护自己的时候，小明总是闷闷不乐地低着头，不说话。原来，小明的父母在家经常吵架，为了一丁点儿的事情也要吵个天翻地覆，根本不管孩子的感受，也无暇顾及孩子的学习。小明为此很苦恼，不愿回家，甚至想离家出走，在学校也经常无心学习，他想得最多的事，是如何回家平息父母间的战火。

小明在这样的家庭环境中，怎能安心、愉快地享受父母的爱呢？

目前，在我国像小明这样的家庭，像小明这样的父母屡不见鲜，他们为了各自的理由而不愿屈服于对方，很少站在对方的角度进行换位思考，并且常常把夫妻间的"战争"延续到孩子身上。孩子只能从父母那里获得恐惧和害怕，而不是爱。

那么，在家庭中，怎样保持良好的夫妻关系，让孩子更好地成长呢？我有以下几点建议。

- **夫妻间互相理解、体贴、包容**。夫妻间要彼此体谅对方工作的繁忙，要很好地协调两人在家里的事务；彼此间要互相照顾；要宽容对方的过错和失误；同时营造两人间的浪漫气氛，比如，记得对方的生日，在生日那天送一束鲜花，等等。这些会让孩子感受到家庭生活的温馨，有利于孩子身心的良好发展。

- **互相尊重**。有的人认为，夫妻间就要透明，其实不然，夫妻间要互相尊重，包括互相尊重彼此的隐私、各自的权利，给对方留一份自由的空间。过于严密的监控，只会使夫妻间的关系难以获得很好的进展，只会增加彼此的厌烦，影响家庭和睦，也不利于孩子的成长。

- **民主协商处理问题**。在家庭中，总会有些事情在夫妻间产生争议，这就需要夫妻双方冷静下来，民主协商解决问题，这样既可以增进夫妻间的交流，也有利于形成家庭的民主气氛，孩子也很容易从中学到遇事民主地讨论解决办法。

建议32：养成文明的生活方式

家庭要过健康的生活、文明的生活、和谐的生活，才有利于孩子的健康，才有利于全家人的共同发展。

有的父母特别喜欢打麻将，一边哗啦哗啦不停地翻腾，一边跟孩子说："儿子，好好学习，将来考北大！"父母都抵抗不了麻将的诱惑，怎么能说服孩子呢？难怪有的孩子看到"1"就会脱口而出"一条"！

如果家里有一个正在上学的孩子，父母一定要注意，如果自己每天晚上看电视，孩子是不可能好好学习的，他那么小的年纪，很难禁得住诱惑。

有的父母的做法就很明智，他们先是和孩子一起看一会儿电视新闻，然后让孩子温习功课。孩子看书的时候，父母也在旁边拿一本书看，这样孩子觉得家里很温馨，很安静，学习也很认真。父母无声的榜样比什么说教都有力量。

哪些生活方式是健康的、文明的、和谐的？答案是丰富多彩的。对于整个家庭来说，健康、文明、和谐的生活方式需要全家努力，共同选择。

比方，注意锻炼身体。从孩子很小的时候就注意培养孩子对体育运动的兴趣，和孩子一起锻炼身体，争取让全家的每个成员都爱运动，多运动。

再比方，亲近大自然。双休日可以多带孩子出门去活动活动，出去玩玩。父母千万不要对孩子说"玩什么玩啊，我累了，睡觉！"孩子特别需要出去，比如逛逛公园什么的。

再比方，按时作息，早睡早起。父母首先过有节律的生活，不轻易打乱自己的生活，让孩子监督自己的行为，等等。

健康、文明、和谐的生活方式是多种多样的，父母要和孩子一起努力，找到最适合全家人的那些方式。

在家庭中如何形成健康、文明、和谐的生活方式呢？我有以下几点建议。

- **与孩子平等交流**。父母要尊重孩子的意见，对孩子在认识上有失之偏颇的地方，尽可能商量着跟孩子讲清道理，说出可以令孩子信服的理由。

- **及时改进**。父母一定要注意认识自己的缺点，及时改进。对有些做得不好的地方，要注意听取孩子的意见，不要总以家长的身份自居。

- **养成良好的生活习惯**。父母有必要带领全家人养成良好的生活习惯：按时作息、不睡懒觉、坚持锻炼身体、节约每一分钱、科学饮食、讲究卫生、合理使用网络和电视资源等。

- **带领孩子亲近大自然**。在大自然中，孩子能尽情呼吸新鲜空气，涤荡心灵，还能在旅途中和父母、和其他人发展亲密的友谊。

- **养成读书的好习惯**。这一点至关重要。父母养成读书的好习惯，对孩子的影响是潜移默化的。父母帮孩子养成读书的好习惯，比给孩子留下万贯家财有用得多。

建议33：创造民主开明的家庭氛围

好的亲子关系离不开民主开明的家庭氛围。创造开明民主的家庭氛围，需要全家人的共同努力。

在民主开明的家庭氛围中，孩子们能更加健康地成长。

宋庆龄的父亲宋嘉树，在教育子女方面很有一套，他坚持三个最基本的思想，一是"不计毁誉，务必古先"，二是男女都一样，三是和孩子们做朋友。他在自己的家庭中首先开辟了一块没有封建主义樊篱的乐园，使孩子们有幸在民主、平等、先进的生活环境中健康成长。

宋霭龄极富音乐和表演方面的才华，宋氏夫妇便努力做大女儿表演的最佳"搭档"。在傍晚时分，常常是由宋夫人熟练而凝神地弹奏钢琴，兄弟姐妹围在一起，听宋嘉树和大女儿的男女声二重唱。宋庆龄生性稳重、腼腆，和姐妹兄弟们在一起时，她总是最文静的一个。不过宋嘉树为孩子们营造的生活环境和气氛，也使小庆龄于天性之外受到裨益。长大以后，她成为一位既富有爱心，又敢于同邪恶势力作斗争的伟大女性！

可见，孩子童年的生活环境很重要，在民主开明的家庭氛围中，孩子们更有可能健康成长。

父母对孩子的态度越民主、越开明，和孩子的关系就会越融洽、越和睦。

美国著名作家马克·吐温是一个个性鲜明的作家，他的小说语言简练生动，风格幽默诙谐，他对孩子的教育就像他写的小说一样，也充满了幽默、轻松的情趣。

马克·吐温有3个女儿，他对她们无限慈爱，舐犊情深，家中充满了温馨。从女儿开始懂事那一天起，他就让她们坐在自己身边给她们讲故事。故事的题目由女儿选择，她们常不假思索地拿起画册，让父亲根据上面画的人或动物即兴编故事。

马克·吐温虽然可以毫不费力地编出一段生动的故事来，但是每次他都非常认真，从不敷衍。

在这个家庭里，父母和女儿之间始终保持着一种平等、民主和相互尊重的关系，洋溢着和睦融洽的气氛。父亲从来不摆出一副做长辈的架子，从不训斥女儿。但孩子有了过失，马克·吐温也决不姑息，让她们记住教训，不再重犯。

马克·吐温给予女儿的是友好、接纳和民主的家庭生活环境，这让女儿在尚未成年的时候就对父母充满了爱与尊敬。还有什么比这更能影响孩子的成长呢？

开明民主的态度常常润物于无声，比高压更具有说服力。

有这样一个故事：

球王贝利少年时，一度染上吸烟的毛病。一次被他父亲发现了，贝利非常害怕，担心受到责骂。可他父亲却以朋友般的态度，非常和气地对他说："你踢球很有天分，以后或许能成为一名好手。可吸烟对身体是有害的，如果因为它而害你没能成为球星，你会遗憾的。吸不吸烟由你自己决定。"说完把自己仅有的一点儿钱给了贝利。父亲这种民主、商讨的态度使贝利悔恨不已，从此，贝利改掉了吸烟的毛病。每当回想往事的时候，贝利说："如果当时父亲狠狠地揍我一顿，那么我今天可能只是个烟鬼。"

父母越开明、越民主，孩子越容易从父母的态度中受到潜移默化的影响，越容易接受父母的教育，家庭氛围也就越好。

孩子如果从小在家庭中感受到的是民主和开明，长大后也会自觉运用这一原则，尊重别人，信任别人，而不是把自己的意见强加给别人，这样，不论在什么场合、什么时间，他都会成为一个受欢迎的人。而对父母来说，创造开明民主的家庭氛围，培育的不仅仅是孩子良好的人格，更是一种深入人心的温暖亲情。

如何创造开明民主的家庭氛围？我有以下几点建议。

- **尊重孩子的独立人格**。父母要像对待大人那样对待孩子。有的父母对成年人很尊重，对孩子却很不耐烦，这样做很容易伤害孩子幼小的心灵。每个孩子都有自己的独立人格，父母只有从内心尊重孩子，让孩子觉得自己被尊重了，才可能与父母产生真正的交流。

- **和孩子商量着说话**。也就是说，父母要和孩子平等地交流，尽量少用命令性的语气，不要对孩子运用高压的手段。否则，孩子表面上听父母的，实际上内心可能不服。

- **尊重孩子的隐私，给孩子充分的信任**。孩子也是一个独立的个体，他们也有自己的独立思想，也有自己心中的小秘密。父母不要企图偷窥，要尊重孩子，相信自己的孩子是最好的。父母要允许孩子拥有一定的时间和空间的自由。

- **让孩子自己去做事**。父母不要事事替孩子包办，什么事情都在自己的控制之下，这对孩子有百害而无一利。如果孩子所做的事情没有太大的危险性，就不要太担心了，尽可能放心地让孩子自己去完成。当然，父母可以告诉孩子，如果有困难，可以随时寻求父母的帮助。

建议34：全家合作，同甘共苦

和谐的家庭氛围需要全家人共同努力营造，而并不是像有的父母所认为的那样，再苦不能苦孩子。实际上，只有全家合作、同甘共苦，所有的家庭成员拧成一股绳，才可能收获更多的幸福。

全家合作，不仅仅能让孩子感受到合作的力量，更能让孩子体验到亲情的可贵。

中央电视台第三套节目有一个栏目叫《神州大舞台》，每一期节目都有一些家庭参与，所有的家庭成员共同表演节目，争夺冠军。其实这个节目中，是否具有专业的表演不重要，是否拿到第一也不重要。在这些家庭的各个成员之中，最让他们回味的不是自己表演得如何如何，不是获得了什么名次，而是在此过程中体味到的浓浓亲情，正是这种亲情，将大家牢牢地系在一起，为一个目标共同努力着。

同样，在很多综艺类节目中，我们常常能看到选手在舞台上竞赛、亲友团在看台上助阵的情景，一方面，这固然是节目主办方调节现场气氛的一种手段；另一方面，全家人的支持，确确实实会更好地调动选手们的积极性。

有的父母可能会想，自己几乎没有机会参与类似的活动，怎么办呢？其实不难。日常生活中处处充满了让全家合作的机会，比如来一次彻底的家庭大扫除，全家合作准备一次野餐，全家人一起做一顿午餐，等等，只要我们善于发现，任何一件小事都能变成全家合作的机会。

孙云晓教授在其著作《好的关系胜过许多教育》中曾经提到，她的女儿在高考前进行研究型学习。虽然已经到了高三的关键时期，女儿的学习也敲响了警钟，连老师都发出了善意的警告，但孙云晓教授并没有就此让女儿放弃，而是和妻子一起帮助女儿做研究，全力以赴支持女儿奋斗，全家人就如同一个团结紧密的课题组，进行着紧张的攻关。大家常常是集体出动，像战斗队一样攻破了各个难关，终于获得了成功。

这样的体验，怎能不在孩子心中留下深刻的印象，怎能不让孩子为之振奋？在父母的配合、合作下，孩子怎能不努力攀登高峰，怎能不越来越接近成功？

让孩子和父母同甘共苦，孩子会在承担责任的过程中变得更加懂事。

让我们从下面的故事中受到启发：

和平使者阿尔弗雷德在少年时代是一个聪明伶俐、知世醒事的善良的孩子。他出身贫寒，父母亲为了一家人的生计而每天疲于奔忙。阿尔弗雷德决心要帮助爸爸和妈妈把生活改变得好一些，他想出了摆书摊的计划，并把它告诉了父母亲。母亲既高兴又不安，高兴的是孩子小小年纪就善解人意、善良懂事，不安的是孩子这么小就工作会影响他的一生。父亲也不大同意。但阿尔弗雷德还是说服了父母亲。很快阿尔弗雷德就成了一个小书摊主。书摊的生意很好，除了丰富有趣的图书，主人热情的服务也招徕了很多顾客。

阿尔弗雷德在劳动中学到了许多知识，结识了许多朋友。从此，要把生活变得更加美好的志愿，成了阿尔弗雷德一生的光辉旋律，他为人类的和平事业奔波，做出了巨大贡献，并于1911年荣获诺贝尔和平奖。

现在大家的生活水平越来越高，很多家庭往往选择让孩子"同甘"，却很少让孩子"共苦"。这固然是出于一片爱子之心，但对孩子的成长却很不利。孩子的责任心需要从小培养，父母应该有意识地让孩子在平时就多承担一些责任。

如何做到全家合作、同甘共苦呢？我有以下几点建议。

- **由夫妻合作变为亲子合作**。很多父母习惯了夫妻合作，让孩子在一边待着。时间长了，孩子就只会看，而不会动手。父母不妨改变一下做事的方式，将夫妻合作逐渐过渡为亲子合作，尽可能让孩子多参与家庭事务。比如吃饭前让孩子摆放餐具，做饭时让孩子帮助择菜，吃完饭请孩子帮助洗碗，等等，生活中的点点滴滴，都蕴含着合作的可能。

- **让孩子了解生活疾苦**。人们常说"家家有本难念的经"，每个家庭都可能存在这样那样的问题，有些问题是可以让孩子了解的，比如父母应该让孩子了解自己的难处，让他们慢慢懂得关心人、体恤人。有时候孩子提出一些过分的要求，父母明知道不应该满足，还是顺从了，这是很不好的。

- **鼓励孩子为家庭付出**。有些父母生怕孩子多动一下手指头，恨不得事事包办，孩子要做什么事情，常常被父母推了回去，这样做只会让孩子渐渐变得对家里的事情漠不关心，进而对父母不关心，习惯了享受而不会付出。父母要鼓励孩子为家庭付出，孩子在雨天为父母送一把伞，应该得到热情的鼓励，而不是被父母指责说"雨天出门会感冒"，等等。

建议35：带孩子一起参与公益活动

　　每一位父母都希望自己的孩子能健康成长，最终走向社会，成为对国家、对社会有用的人才。这就需要给孩子提供必要的机会接触社会，比如，和孩子共同参与公益活动便不失为一条佳径。

　　如今的家庭中，孩子大多是独生子女，他们在家娇生惯养，习惯了爷爷奶奶、爸爸妈妈对他们的宠爱，似乎不屑于跟别人合作。因为他们认为家人能帮助自己解决一切，有了困难，找到家人就万事大吉了，根本用不着与别人配合。很多孩子也因此变得有些冷漠。

　　我们知道，每个人最终要离开父母的羽翼走向社会，每一个人都不可能孤立地生存，大家必须彼此依赖。当今世界已经形成一个地球村，人与人之间的联系是密不可分的。

　　父母和孩子共同参与公益活动，有助于培养孩子对公益事业的责任感，增长社会活动经验。

　　1991年安徽与江苏发生了大水灾。天津四十一中有一位初中生写作文谈了自己的感受。他说全家都参加了那次救灾活动。让他惊奇的是，平时精打细算的妈妈拿出了一件又一件的衣物，归置了一大包。在妈妈的带动下，爸爸在工厂、他在学校都是捐献最多的。他为自己有这样的好爸妈而感到高兴，为他们全家帮助灾区人民走出困境出了一份力而感到自豪。

　　在这次赈灾活动中，这一家人都献出爱心，更重要的是，父母在实际行动中增强了孩子的同情心和善良之心，培养了孩子热爱人民、热爱祖国的高尚情操。

　　由此可见，父母带领孩子共同参与公益活动，无论是对塑造孩子的健全人格，还是对亲子之间的亲密沟通，甚至对促进社会进步、增进人与人之间的感情都有积极的作用。

那么，父母该如何带领孩子一起参与公益活动？我有以下几点建议。

- **给孩子提供了解社会及世界的机会**。父母可以让孩子阅读相关的报纸，也可以让孩子通过电视画面更直接、真切地了解社会，了解世界，了解事实，激发孩子的同情心、爱心。

- **让孩子多接触社会**。父母可以引导孩子在周末自发组织走向社会的活动，比如回收废电池、清理街道的非法小广告，促使他们形成环保意识，更加热爱生活。父母鼓励孩子多参加学校组织的冬令营、夏令营活动，让他们体验另一种生活方式，也有助于增进孩子与同学间的交流及感情。

建议36：创建一个学习型家庭

苏联著名教育学家苏霍姆林斯基说过："家庭的智力气氛对于儿童的发展具有重大的意义。"

父母是孩子的榜样，是孩子灵魂的雕刻师。作为父母，应该同孩子一起建立一个学习型家庭，与孩子互相学习，共同成长。

这有利于在家中营造学习氛围，打造积极向上的家庭文化。

在《好父母 好方法》一书中，孙云晓教授曾介绍过这样一个故事：

有位平凡的父亲名叫陈有政，只是一名普通的运输工人。他和妻子由于吃过没有文化的亏，于是发誓再苦再累也要让孩子学好文化。孩子们上学后，他就集中精力辅导老大，然后由老大带老二，老二教老三。但他所掌握的课本知识很快就无法再辅导孩子了，于是他开始尝试在人格上影响孩子，并培养了孩子乐观的品性。他吃苦耐劳、乐观向上的精神给子女们树立了一座人格的丰碑。后来，三个孩子相继考上硕士研究生，在他们三个读研期间没有花父母一分钱，而且研究生毕业后，三人又都考上了博士。

家庭对孩子的影响是深远的。孩子每天在家中度过的时间多于1天的1／3，对于心智正在发育的青少年来说，家庭的影响甚至超过了社会。在一个充满学习氛围的环境里，孩子自然也会热爱学习。

父母把孩子带到这个世界上，只管孩子的吃喝是远远不够的，靠简单的非此即彼的说教更是不行。孩子还需要与父母在心灵上沟通，用心灵感染心灵。身教重于言传，让孩子在父母身上看到自信、拼搏、做人的尊严和价值，更能让孩子接受无形的感染，从而使亲子双方在一种和谐的氛围中，互相学习，一起成长。

在《改善亲子关系的方法》一书中，有这样一个案例：

张小梅因为母亲下岗失去了学习的支撑点，没有来上学。老师了解到，小梅的父亲常年在外奔波，只有母亲负责照顾她，母亲下岗后对孩子更是怀有不切实际的高期待，学习上只看重分数。通过学校的帮助，小梅和她的父母多次参加有益的活动，小梅的父母转变了教育观点。父亲每次从外地回来都不忘给孩子带件小礼物，母亲也很快找到了工作。小梅也明白了要学会从逆境中崛起，树立信心，发奋努力。一家人虽然都忙忙碌碌，却其乐融融。

小梅一家都通过学习找到了自己的位置。父母与孩子之间争吵少了，沟通多了；抱怨少了，理解多了。家中的每一个成员都在尽力用心灵之光温暖和照亮对方。

父母是孩子的老师，孩子也是父母的老师。孩子一直都在向父母学习，父母也要学会向孩子学习。因此，父母应该为孩子营造一种学习的氛围，让自己和孩子在和谐的家庭关系中一起学习，一起成长。

父母如何创建学习型家庭，和孩子一起成长？我有以下几点建议。

- **树立现代的教育观**。有些父母只看重分数，认为孩子只需要学习。这种观点已经很陈旧了。父母要以今天的眼光看待今天的孩子。孩子有自己独立的人格，我们应该平等地对待孩子，尊重孩子，让孩子生活在一个富有民主氛围的家庭里。

- **坚持终身学习的观念**。有父母只有自己爱学习，孩子才有可能爱学习。父母应该多看书，扩大自己的阅读面，不仅是工作上的，也可以是各个方面的。父母在让孩子去图书馆、书店的时候，别忘了提醒自己也需要学习。

- **学会向孩子学习**。社会发展迅速，孩子最易接受新事物，能给父母带来许多新知识、新信息。这个时候，父母应该耐心地听孩子说话，从孩子身上学习新知识。父母还要善于发现孩子的优点，积极地学习孩子的优点。

第6章

图书和网络

建议37：读万卷书，行万里路

纵观古今中外，大凡有成就者，大都是"读万卷书，行万里路"的坚定实践者。对孩子怀着殷切希望的父母们，应该明确"书"与"路"对于智者的重要性，让孩子在苦读之余，也亲密接触外面的大千世界。

拥有知识是拥有智慧的前提，如果一个人没有丰富的文化底蕴，那他就不可能成为大智慧者，即使装成智者，他的小聪明总有一天也会被识破，使他无地自容，现代社会出现的许多学术造假事件就充分印证了这一点。真正的大学问者，都是读书过万者。

毛泽东就是博览群书、追求真理的光辉典范。他曾说："我一生最大的爱好是读书。""饭可以一日不吃，觉可以一日不睡，书不可以一日不读。"书对他来说就是生命，是生活的一部分，须臾不可相离。毛泽东的书可以伴眠，可以伴行，可以伴厕。

既然伟人都如此酷爱读书，要立志成为伟人的孩子们，难道不更应该多读书吗？

其实，即使我们不能当伟人，多读书也有很多好处。

首先，读书可以释疑。对于孩子成长过程中遇到的许多问题，他们一方面通过学习和询问成人来解决疑问，一方面是通过阅读书籍来获得相关的知识的。

其次，读好书如交好友。当孩子在某种情况下发现没有可交往的对象时，有时会感到孤独。但当他们与好书为伴时，就会感到其乐无穷。

再者，读书愉悦心情。现在的孩子在需要放松、娱乐的时候，他们一般选择电视或网络，但也有相当一部分孩子选择读书。

最后，读书让人充实。一般在节假日和休息日，如果孩子没有合适的游戏伙伴，常常会感到无聊。这时，他们便可通过读书来充实内心。

父母们往往觉得孩子学习好才是最关键的，却忽略了一个很重要的事实：光让孩子学习而不让他们体验生活，孩子是无法真正成长的。

从古至今，靠苦读而起家的事例举不胜举。然而，正如著名学者彼特拉克所说的："书籍使一些人博学多识，但也使一些食而不化之人疯疯癫癫。"许多人就是因为"两耳不闻窗外事，一心只读圣贤书"而变得忘乎所以、狂妄自大，或者极度多愁善感、做事缩手缩脚，易走极端，经不起人生的大风大浪，不管大起还是大落，都有可能挫败他们的意志。

为了培养孩子健康的心智，培育其容纳百川的胸怀，即使课业负担再繁重，升学竞争再激烈，也不应让"水泥墙壁"把孩子与世界隔开，与现实生活隔绝。父母要让孩子多行走于天地之间，目睹社会万象，这样，他们才更容易把自己置身于社会，将所学知识运用于社会，不断更新、提升对知识的认识，将知识内化成为自身的智慧。

总之，"读书破万卷"，又"行路逾万里"，是孩子更好地学习，走向成功的必经之路。应该如何指导孩子，让他们尊崇并实现这个至理名言呢？我有以下几点建议。

- **在家里多摆放一些书**。一般情况下，孩子看书不像上课那样有计划，带着比较大的偶然性。也许他们刚坐下来，发现旁边有本书，兴趣就来了，顺手拿起来就读。所以，在家里摆放图书时，不必规规整整地全放到书架里，可以在孩子的床头、书桌、沙发，甚至厕所里放一些书、画册，让孩子随手可以看书。

- **有计划地安排外出旅游**。父母可以利用节假日安排外出旅游，让孩子到实际生活中体验、参观。安排这样的活动不光为了放松身心，更要借机锻炼孩子的各种能力，比如，让孩子自己设计旅游路线，让孩子当父母的导游，讲解当地景观的历史、特点，等等。这样可促使孩子积极学习，并将所学知识运用于实际。

- **给孩子订阅一份自己喜欢的刊物**。如果发现孩子对某个刊物特别钟情，父母可以给他们长期订阅，因为连续的阅读容易形成良好的阅读习惯，从而喜欢阅读更多的书。况且，带着浓厚的兴趣，长期阅读同一类型的图书内容，很可能使孩子拥有这方面的专长，甚至成长为专家。

● **鼓励孩子多拿知识与现实进行对照。**从实践中获取的知识通常都是真正实用的，而通过实践检验了的知识也是经得起考验的。父母应鼓励孩子拿生活中的学问和书本上的知识相印证，这样，学到的知识就比较扎实，也更实用。

建议38：培养孩子良好的读书习惯

　　培养良好的读书习惯，对孩子的学习也是十分有帮助的。良好的读书习惯包括：能爱惜图书，保持图书整洁，不撕书，不折页；能自己选择读物；合理安排阅读时间；经常买书或借阅读物；写读书笔记等，这些都是读书的良好习惯。

　　有很多父母可能会觉得奇怪，孩子学习好就完了，为什么还要保持书本的整洁呢？而且孩子在书上写写画画，说明学习很认真，这不是一件很好的事情吗？

　　孩子爱惜书籍，不在书上乱写乱画，可以让孩子上课时注意力更集中。而且在书上标注的重点，因为没有乱涂乱画的干扰，在今后的复习中会更加一目了然。

　　鼓励孩子自己去选择读物，对孩子的兴趣培养有良好的作用。孩子会根据自己的兴趣来选择图书。这样孩子就会对自己买的图书如饥似渴，从而对书本中所要传达的知识就掌握得更加深入。

　　合理地安排时间，可以让孩子自己安排学习时间，让孩子把娱乐和学习安排得更加合理，做到劳逸结合。这样更能提高学习效率。

　　做读书笔记，可以让孩子养成总结知识的习惯。我们的脑子再好，也有遗忘的时候，而经常写一写读书心得，把自己对知识的理解和知识重点记录下来，是一种很好的学习方法。

　　所以，培养孩子好的读书习惯，可以帮助孩子形成好的学习习惯。

　　那么如何培养孩子的读书习惯呢？我有以下几点建议。

- **教孩子学会保护图书。**父母要鼓励孩子给自己的课本包上书皮，让孩子把重点或笔记记录在本子上，回家以后再进行整理。对于有破损的图书，父母应该和孩子一起修补，并告诉孩子要小心保护。

- **发挥父母的榜样作用。**父母在孩子面前要做一个爱书的人。看过的图书、杂志或报纸，不要随手乱放，要把它们收拾整齐。看书的时候也不要在书页上随便涂抹标记，更不要把自己喜欢的内容剪辑下来。总之，父母要在孩子面前树立一个爱书的榜样，对孩子养成良好的读书习惯有十分重要的意义。

- **鼓励孩子记笔记**。父母要鼓励孩子写读书笔记，笔记内容写什么都可以，即使写个简单的书名也行，这样可以培养孩子在阅读中获取一些东西的习惯。

- **创造良好的读书环境**。在自己家里，父母可以给孩子一个小书架，让孩子安排自己的图书，孩子在阅读的时候尽量保持安静。当孩子有问题的时候，父母要鼓励孩子先自己去寻找答案，然后再给孩子进行详细的讲解。在家里，最好常备一些少年百科全书类的书籍，当孩子有问题的时候，可以引导孩子从中寻找答案。

建议39：帮助孩子在阅读中感受成功

当前，厌学、不爱读书的现象在孩子当中比较普遍，这让许许多多的父母烦心："我的孩子不爱读书，我们煞费苦心也不奏效，怎么让他们喜欢上读书呢？"

其实，要想改变这种现状，让孩子喜欢阅读，一个简便而实用的方法就是：让孩子在阅读中感受到成功。

孩子通过阅读，能顺利找到问题的答案，解决现实中的疑难问题，这样的"小"成功一次次积累，就会给孩子带来大的正面影响。

在日常生活中，孩子都会有一些疑惑，会发现一些疑难问题，如果他们通过自己的努力，能顺利解决这些疑惑，他们当然会很兴奋。

曾经有位母亲经常给儿子讲故事，儿子很快就迷上了故事，每天都要求妈妈讲故事。后来，这位母亲每天就只讲前半个故事，然后让孩子自己去看书，自己看完后半部分故事，第二天再复述给妈妈听。再后来，她又引导儿子："想想故事还可能有什么别的结局吗？如果让你写，你想让主人公去做什么呢？"久而久之，孩子不但喜欢阅读，还喜欢上了写作。

这位母亲是聪明的，她的教育方法很值得借鉴。她只给孩子讲前半部分的故事，其实就留给孩子一个问题。当他以自己的理解读懂故事时，内心将充满无比的喜悦，而能将故事续写出来，更让他感到欣慰，因为这些都是他自己努力的结果。

孩子在阅读中会受到书中人物的感染，感受到图书带来的无形的鼓舞。

现在描写名人成长的传记类图书很多，它们从各个方面分析了名人成长的过程，再现了他们茁壮成长的历程，带有极强的励志性质。所以，父母不妨多引导孩子看一些名人的故事，如爱因斯坦、牛顿、爱迪生、巴尔扎克、托尔斯泰、毛泽东、周恩来、刘少奇、雷锋、冰心等人物的传记。

总之，不能让孩子心中空荡荡的，而要让孩子在阅读中体会成功者成功时的喜悦，以成功者坚忍不拔、见义勇为、不屈不挠等高尚的精神鼓舞他们，促其健康成长。

通过大量阅读，孩子扩展了知识面，从而适当满足其虚荣心。

虚荣心是每一个人都会有的，当虚荣心得到适当满足时，人就容易获得满足感。

在现实生活中，人们常常有许多虚荣心，比如希望高人一等，希望获得尊重、关注等。而通过读书，扩大知识面，有时候也可实现这些愿望。

有个女孩比较内向，总觉得自己和大家没有话题，当大家在一起谈笑风生时，她就缩在一角默默地沉思，整天少言寡语的，显得很自卑。后来，老师鼓励她多和大家接触、讨论，刚开始她也插不上话，而她说的话题大家也不太喜欢。可过了段时间，她的话越来越多了，而且声音洪亮，底气十足，还经常抢着发言，人显得很自信，也很精神。大家诧异于她的变化，她兴奋地说："之前，我阅读面比较窄，找不到话题。现在好了，我读了很多书，学到了很多知识，和大家也聊到一块了！"

与他人聊天时，如果有更多更深刻的话题，能进行深入交流，就会在交谈中侃侃而谈，展现个人魅力，受到大家的关注，能在一定程度上满足孩子的表现欲和争强好胜的愿望。

当然，父母也要注意适度控制孩子的虚荣心，若发现孩子爱过分表现或爱出风头，应当及时提醒孩子保持清醒的头脑，告诉孩子读书不是装门面做样子，而是实实在在获取学问。

那么，如何让孩子在阅读中体验更多的成就感，永葆阅读热情呢？我有以下几点建议。

- **引导孩子从书本中寻找答案**。在日常生活中，每当孩子遇到问题向父母请教时，父母不一定都要拿出具体的答案，可为他们准备相应的书籍，尽可能让他们自己从书中找到答案。另外，父母可经常就某本书的精彩内容设置一些新颖的问题，激发孩子强烈的好奇心，以引导他们多读。这样，孩子在解惑后就会获得成就感。当然，这样的问题越接近孩子的兴趣点，越符合孩子的口味越好。

- **常与孩子讨论图书内容**。与孩子谈心时，多讨论近期阅读图书的内容，是检测他们阅读效果的基本方式之一。当孩子能就图书内容与父母及同学们海阔天空地聊时，他们自然能感觉到读书的收获，意识到读书对他们的帮助。

- **鼓励孩子做"人生阅读清单"。**鼓励孩子每读完一本书，就将相关信息填写在"人生阅读清单"上，每当孩子看到这个清单时，就看到了自己努力读书的成果，这样的感受能激发他们读更多书的愿望。当然，这张清单最好由孩子自己设计，可建议记录的内容有：书名、作者、阅读时间、获书途径、精彩语句、感悟等，最好选用精美的笔记本做，以便将十年二十年所读的书都记录在里边。

建议40：别把现代媒介当"洪水猛兽"

有很多父母一谈到现代媒介，如电影、电视、网络等，就如同遇见了"洪水猛兽"一样，生怕自己的孩子被影响坏了。但是现在孩子对社会的接触非常广泛，一味地去"堵"是起不到好的效果的。

对待媒介对孩子的影响，采用"堵"和"疏导"相结合的方式效果是非常好的，可以帮助孩子有选择地吸收，教给他自我控制和思考的方法。这样，即使父母管理出现疏漏，也能让孩子自己把关，这是治标又治本的方法。当然，首先父母自己要明白媒介对孩子的影响。

媒介内容对孩子的影响可以分为隐性的和显性的。显性的内容，是通过画面直接表达出来的直观内容，对孩子的视觉造成冲击。这种危害父母一般都比较警觉，也容易把它区分开来。像人们常说的暴力、色情等，就属于这类内容。这类媒体内容对孩子的影响特别恶劣，对孩子的身心损害是巨大的。

而隐性的不利媒体，对孩子起到的是潜移默化的腐化作用。这种作用，有可能在短期没有影响，但从儿童的长期发展来看，却会影响到他们的价值取向和对社会的认识。

现在，大多数中小学生长大以后的梦想是挣大钱成为大老板。更有一位学生，曾经写过一篇题目为"我的理想"的作文。他说长大以后要挣很多钱，住在大房子里，有成群的仆人和美女。这时他以前的两个朋友，衣衫褴褛地走了过来。他想起其中的一个以前没有借给他玩具，于是就让保镖把他拉出去打了一顿，而拿出大笔钱给了那个曾经对他还算可以的朋友，那个得到钱的人激动地称他为"老爷"，而那个被打的人也十分后悔以前对他的态度。

现在很多媒体宣传的内容，大多是有钱人的那种迷幻的生活，或是对享乐主义的追求。正是这种潜移默化的影响，让孩子在自己的人生观形成的时候，出现了偏差。

对于显性不利媒体，父母应该坚决予以堵截；对于隐性不利媒体，应采取疏导的态度和方式。

我们知道，正在成长中的中小学生，对媒介内容的优劣缺乏辨别能力。如果让他们不加选择地接触各类媒介，势必对孩子造成不利影响。

因此，父母要坚决制止孩子接触不良媒介内容。但更重要的是要对孩子进行正面引导：告诉孩子媒介中不健康内容的危害性；也可以和孩子一起分析、探讨媒介中的虚幻情景，让孩子认识到其本质，从而引导孩子不要深陷其中。这样的疏导教育，我们应该提倡。

面对当今丰富的媒体，应该怎样对孩子进行引导呢？我有以下几点建议。

- **多与孩子交流和沟通。**面对众多媒体信息，父母的回避态度并不能打消孩子的好奇心，相反孩子有可能会从其他渠道得到十分不健康的解释。父母应和孩子一起探讨媒介中出现的内容。比如当报道有虐待小动物的情况时，父母可以让孩子分析一下这样做不正确的理由；当电视中出现亲吻的镜头时，父母可以告诉孩子，只有当真爱降临的时候，吻才是最美好的；当画面中出现血腥暴力的镜头时，可以和孩子一起探讨这样做的危害是什么，有没有更好的解决途径等，这样能有效地削弱不利媒介对孩子的影响。

- **尽量避免主动接触不利媒介。**父母每天休息看电视或影碟的时候，也要注意对孩子的影响。有的时候虽然孩子已经睡觉了或是正在做其他的事情，父母也不能放松警惕，要多看一些积极向上的影片。如果在家里，暴力血腥的影碟随处可见，各种类型的杂志也都是随手一放，那么孩子接触不利媒介就方便了。同时，很多孩子对父母看的书籍和影片感觉到很神秘，所以父母更应该起到榜样的作用，避免主动接触不利媒介。

- **指导孩子接触网络。**父母应引导孩子接触网络。比如和孩子一起进入聊天室，教会孩子如何识别他人的思想，避免受到诱惑；告诉孩子网络的虚拟性使得人们在互不了解的情况下被动接受对方的看法等。必要的时候，完全可以让孩子在有保护的情况下接触网友。对于网络游戏，也可以让孩子接触，但要控制好孩子游戏的时间。为了避免孩子浏览不健康的网页，父母可以给电脑设置安全级别，最好把电脑摆放在公共的房间，避免让孩子单独上网。

- **多进行一些健康有益的活动。**父母可以利用双休日走出家门，和孩子一起进行一些丰富多彩而且有意义的活动。这对孩子的健康成长是十分有帮助的。

建议41：利用网络满足成长的需要

网络是符合孩子的天性的。因此，如何积极地利用网络才是首选的教育智慧。

利用网络娱乐是必要的，它能提高孩子的素质，锻炼孩子的意志和性格，使其更好地认知社会。

在欣赏一本好书、一部精彩的电影的同时，孩子的品位就会得到提高，同时也提高了审美。在玩网络游戏时，孩子需要克服一定的困难，才能取得高分。这就无意中锻炼了孩子的坚强意志。当孩子利用网络交友时，需要学会为他人着想，这样别人才会与他交流、做朋友。而在网上交友的过程中，也有利于其增强辨别真假、善恶的能力。

因此，让孩子接触网络是有一定益处的。

交往是孩子的一种需要，是孩子健康发展必经的一步。

交往有助于培养孩子的社交能力，并有助于孩子间的相互学习，相互帮助。交往也是孩子们走向独立和成熟的必经之路。

孩子们交往的方式有很多种，如：在学校认识的同学、周围的邻居、亲朋家里的小孩子等都可以交往，但是现在又多了一条孩子利用更为广泛的途径——网络交往。

通过互联网，孩子们可以了解其他同龄小朋友的生活，和他们交流思想，甚至成为朋友。

韩非通过网络认识了一个在美国学习的中国移民孩子，两个人从生活谈到娱乐，感觉非常投机。通过对美国教育的了解，北京的这位小学生，对比了中国的教育情况，还写了一篇个人感受。后来，美国的那位小朋友还请北京的这位小朋友寄去了一副中国象棋，而他也回送了一台微型照相机。

通过上面的例子，我们可以看出，孩子通过网络不仅认识了很多朋友，提高了自己的交往能力，而且还开拓了自己的眼界，丰富了自己的生活。

当然，网络并不只带给孩子春雨和阳光，也会给孩子的生活带来很多危害。

网络虽然可以丰富孩子的生活，但是过分地放纵，会害了孩子。

某城市的一名初中女生，在网上认识了一位姓李的男青年，两个人谈得十分投机，并且有一种相见恨晚的感觉。于是两个人频繁在网上聊天，并且很快产生了"爱情"。于是两个人约定见面，等见面以后，这位女生发现对方根本就不是在网上所说的白领，而且品行十分差。这位女生就如同羊入虎口，被男青年抢光了身上所有值钱的物品。

可见网络并不只会给人带来阳春白雪，也四处暗藏着危机。父母有必要帮助孩子把握好网络交往的度。

那么应该如何把握网络使用度呢？我有以下几点建议。

- **父母要经常给孩子一些指导。** 父母要对孩子的计算机知识进行指导，或准备一本指导书，这样更有利于孩子深刻记忆。网络增加了孩子接触世界、了解他人的机会。父母应鼓励孩子在网上勇敢地表达自己，和孩子共同创建电子邮件地址，展示正确的使用方法。青春期的孩子渴望独立，是形成价值观的重要时期，上网时父母可以通过具体例子说明由于文化的差异、环境的不同，会造成价值取向的不同，避免孩子受到诱惑。

- **让孩子做一些具体的事情。** 现在网上的论坛很多，几乎生活中的各种问题都能解答。父母可以给孩子布置一些课题，让孩子通过网络来寻找答案。这样孩子在请教的时候，就会有针对性了，而那些不怀好意的人，孩子也就不会去理睬了。

- **告诉孩子交友要谨慎。** 父母如果一味阻止孩子去见网友，或者是和网友交谈，孩子肯定是不愿意的。父母应该和孩子好好地进行一下沟通，让孩子知道，网络是虚拟的，里面有各式各样的人出现。在交友的时候一定要慎重。同时，父母要经常和孩子沟通，了解孩子的心理动态。

- **创造合适的上网环境。** 对于年龄小的孩子来说，网上有各种各样的诱惑，所以父母最好不要让孩子单独上网。电脑最好放在家庭公共休息室，这样便于父母及时地管理。同时也要给孩子一个比较宽松的环境，不要一看见孩子进了聊天室就觉得大事不好。

建议42：网络是一把双刃剑

无数多的事实证明，网络几乎成为杀害儿童青少年自我意识的罪魁祸首，"网瘾"这个词汇的出现，向现代教育提出了挑战。

而21世纪学习的特征是掌握、管理知识和处理信息的能力，因此，很多专家赞成孩子从小学二年级就学习正确使用计算机和互联网。

网络是一把双刃剑，既能给人以管理知识和处理信息的便捷，也能让人陷入痴迷甚至难以自拔的危险。所以父母更应该对孩子进行监督和指导。

每一个孩子在初学电脑的时候，几乎都充满了神圣感。他们小心翼翼地探索着，对网络世界充满了好奇。这是人生中一个黄金时期，是需要播下健康种子的时期，是一个需要奠基立向的时期，是一个习惯养成的时期。但遗憾的是，很多孩子由于父母疏于管理，黄金时期变成了垃圾时期，当他们在网络里随意驰骋时，悲剧也就上演了。

父母如果不对孩子进行网络文明的培养，会给孩子造成不小的伤害。

第一，不指导孩子文明上网会让孩子沉浸在不良信息当中。

网络中有很多不良信息是无孔不入的，孩子接触网络时很容易被这些信息所侵害。如果父母不加以指导，孩子一旦接触并沉溺于不良信息，便很难从中自拔。

第二，网络中有些精神鸦片对孩子损伤极大。

很多孩子上网是因为热衷于网络游戏。网络游戏以其庞大的系统、丰富的情节、层出不穷的任务吸引了很多孩子前来上网。由于他的练级过程不是很简单就能完成的，有时要持续好几个月才能达到顶峰，这样孩子就更容易对网络游戏欲罢不能了。很多孩子为了尽快让自己的角色在同伴中脱颖而出，不惜旷课去玩游戏。

第三，网络聊天陷阱重重。

网络中有各种各样的聊天室，本来是为了丰富现代人的生活，却让很多不法分子有了可乘之机，他们利用网络的隐蔽性，给单纯的孩子施加诱惑，让很多涉世未深的孩子轻易上当，并且给孩子的心灵造成了永久的伤害。

那么应该如何培养孩子的网络文明习惯呢？我有以下几点建议。

- **和孩子一起使用网络**。在与孩子共同上网的过程中，父母不仅便于与孩子沟通互助，而且可以告诉孩子哪些是危险的，怎样做是安全的，同时还可以让自己保持青春和童心，可谓好处多多。

- **让孩子在生活中多体验成功**。研究表明，人接触不良信息的反应是不同的，对网络和游戏的迷恋程度也不相同。在生活中成功的人，受到的消极影响比较小，而在生活中失败的人，容易沉溺于虚拟时空，因此让孩子在生活中多感受成功，是帮助他们抵御网络不良影响的关键。

- **制订好上网规则**。父母要和孩子达成上网协议，比如，每天使用网络多长时间，不能泄露个人与家庭的秘密。父母有必要引导孩子选择欣赏内容健康的网站。

- **丰富孩子的生活**。网络之所以让孩子沉迷，往往与他们的课外生活贫乏有关。因此，引导孩子养成广泛的兴趣，尤其是热爱户外运动，是至关重要的。

第7章
教育的目标是学会做人

建议43：唤醒孩子沉睡的孝心

　　孝顺父母是自古至今的先贤们倡导的为子之道、做人之本，也是现代社会最基本的文明要求。但当今以独生子女为主体的中小学生，很多人不谙人情，不孝顺父母。一个重要的原因，就是孩子并未体验到、更未理解父母的艰辛，他们沉睡的孝心没有被唤醒。

　　百善孝为先。一个人从小能做到孝顺父母，推广开去，便能懂得爱人、关心人、尊重人，具有社会责任感。

　　现在很多孩子因为父母对自己常常是有求必应，以为父母无所不能，却从来不知道父母也会遇到困难，自己提出的要求一旦父母做不到，就开始不讲道理地胡搅蛮缠，弄得父母既伤心又生气。

　　要孩子孝顺父母首先要让孩子体谅父母的难处。

　　孙云晓在《少年儿童教育报告》一书中有这样一个故事：

　　有一个女孩子，名叫杜瑶瑶。在她8岁的时候，爸爸突然得病去世了，紧接着妈妈因为难过，风湿性心脏病发作了，一下子瘫痪在床上。过去是妈妈操持家务，现在妈妈只能躺在床上，什么也干不了。这时候，杜瑶瑶不仅要照顾自己，还要照顾瘫痪在床的妈妈，她要做饭、洗衣，干一切的家务。母女俩一个月只有不到200块钱的生活费，生活得非常艰难。可是，杜瑶瑶的成绩却一直是班里前几名。妈妈经常住院，她就守在妈妈的床边写作业；妈妈的下身冰凉，她就把妈妈的两只脚抱在怀里给妈妈取暖；为了让妈妈高兴，她还给妈妈唱歌跳舞。后来她考上了本地的一所大学，别人问她，那么好的成绩，为什么不考北京的更好的大学，她说，就是为了能在妈妈身边，照顾好妈妈。

　　如果杜瑶瑶不体谅母亲的难处，怎会小小年纪就承担起生活的重担？相反，很多孩子当父母生病卧床时，不是耐心地询问父母的病情、在床前端茶递水，反而一个劲地埋怨父母不起床照顾自己。更有人一见父母生病了，就自己拿着钱跑到麦当劳大吃一顿，根本不管父母是不是也饿了，是不是需要喝水。这怎能不让父母伤心失望？

父母也是普通人，不是无所不能的，也会遇到各种各样的困难，也需要孩子的理解。让孩子懂得这样的道理，也许他们对父母的不体谅要少很多。

唤醒孩子沉睡的爱心，就不要让孩子独占好的东西，而要让孩子学会体贴人，关心人。

很多孩子认为自己是家里的小孩子，好吃的、好玩的当然应该全部归自己才对。所以，凡是家里有好吃的、好玩的、自己喜欢的就一定要独占。其实这是很不好的。父母要唤醒孩子沉睡的爱心，教他们学会孝顺父母，就不要让他们独占好的东西。

父母常常出于对孩子无私的爱，心甘情愿把一切好的东西都让给孩子。反过来，如果孩子也像父母爱孩子一样爱父母的话，是不是也应该像父母那样做呢？可是大多数情况下，孩子不仅没有主动把家里最好的东西让给父母，反而毫不谦让地接受那些东西。孩子眼里只有自己，没有他人，包括自己的父母，这哪里算得上是一个孝顺的人呢？

很多父母生病时，总是不让孩子接近自己，怕孩子被传染或是耽误了学习。可是，别忘了，如果孩子不懂得关心、体贴父母，怎么可能培育他们有真正的爱心和孝心呢？

有一个故事有趣而深刻，值得许多父母深思。有三个妇人去井边打水。一个妇人说："我的儿子很机灵，力气又大，谁也比不上他。"另一个妇人说："我的儿子会唱歌，唱得像夜莺一样悦耳，谁也没有他这样好听的歌喉。"第三个妇人默不作声，另外两个人奇怪地问："你为什么不谈自己的儿子呢？"她回答说："我的儿子什么特长也没有，没什么好说的。"

谈话间，她们的水桶装满了水，三个人提着水桶往回走。水桶很重，她们走走停停，手臂越来越痛，背也越来越酸。突然迎面跑来三个男孩，一个孩子边跑边翻跟斗，他母亲露出了欣赏的神色。另一个孩子像夜莺一般唱着歌，大家都凝神倾听。第三个孩子跑到母亲跟前，从她手里接过两只沉重的水桶，提着走了。

父母的言行是孩子最好的榜样。如果父母自己没有爱心，就很难在生活的点滴中培养出孩子的爱心。

《世界著名民间故事大观》中收录了这样的故事：

有个男人结了婚，生了个儿子。他十分疼爱自己的孩子，却很讨厌自己的老父亲。老父亲连路也走不稳了，到处磕磕绊绊，除了吃饭和抽烟外，什么事也干不了。他很想把老父亲打发走，便对妻子说："让老头到外面的世界去闯闯吧。"

妻子恳求他让老人留下，但他连听都不愿意听。她只好说："那你就让他带上一条毯子吧。"

他心里只想给老人半条毯子，嘴上却说："好吧，就让他带上一条毯子走吧。"

正在这时，他自己的儿子突然说："爸爸，你不必给爷爷一条毯子，给他半条就行了，剩下的半条请你好好收藏起来，等我长大以后可以把它送给你，让你也到外面的世界去闯一闯。"

儿子的话让这位父亲大吃一惊，于是赶紧留住了他的老父亲，因为他已经知道如果自己这样做儿子将为他准备什么。

让孩子了解父母、亲近父母、关心父母、体贴父母、尊重父母，他们才会懂得尊重他人、关心他人，才会有真正的孝心和爱心。

如何唤醒孩子的爱心？我有以下几点建议。

- **父母先做有爱心的人。** 父母要对自己的父母、孩子、家庭、社会有爱心，要表现得很自然。父母要把自己的这一面呈现给孩子看，潜移默化地影响孩子。

- **不让孩子吃独食。** 让孩子吃独食会让孩子变得自私、任性，不可能培养出爱心和孝心。

- **教孩子尊重父母，不随意顶撞父母。** 有爱心的孩子不会随意顶撞父母，不会常惹父母生气。很多父母在生活中并没有刻意在孩子面前摆家长的架子，有些不懂事的孩子就认为父母不需要去尊重。这种心理表现在行为上，就是顶撞父母。在言语上，对父母没有起码的尊敬与客气，甚至故意和父母反着来，父母应该让孩子知道，顶撞父母并不能解决问题。

- **不需要孩子百依百顺。** 父母永远不要要求孩子对自己百依百顺。父母不是完人，孩子也完全可以有自己的想法，当孩子发现父母的错误后，可以明明白白地讲出来，父母应当和孩子心平气和地谈话，解决问题。

- **要求孩子对父母讲礼貌。** 有的孩子在学校或是在外边与人交往的时候，会比较注意自己的语言。可是在家里就完全不一样了：有的孩子对父母的话不理不睬，不耐烦的时候就粗声大嚷；有的孩子早晨上学不跟父母打招呼，晚上回家也闷不吭声。父母要让孩子知道不一定是父母年老力衰之后对他们的照顾才叫孝顺，更多的时候，对父母的孝顺，就表现在日常琐事上，比如早上对父母说声"早上好"，晚上向父母道声"晚安"等。

- **与孩子一起面对生活的挑战，全家风雨同舟。** 在生活之中，我们可能会遇到许多无法预料的事。当不幸发生之后，父母不要只是自己来面对生活的挑战，而让孩子置身事外。一家人要一起来面对生活，风雨同舟，才会真正激发孩子的爱心和孝心。

建议44：诚信是做人的起码资格

所谓诚信，就是诚实，守信用。孔子说："人而无信，不知其可也。"孟子说："君子养心莫善于诚。"可见诚信对一个人来说有多么重要。一个人要养成好的人格，没有什么比诚信更好的了。

诚信首先意味着遵守诺言、说话算数。如果一个人经常不遵守自己向别人许下的诺言，那么，他会渐渐在别人心中失去信誉，他说的话从此再不会有人放在心上。在人群中，他也会变得可有可无，因为他说的话、做的事再不会有人去关注。他会渐渐失去朋友，变成一个孤单而无助的人。

信守诺言是一个人最基本的素质之一，没有它的人格是不健全的。信守诺言的力量十分强大。

我国春秋时期，晋文公为图霸业决定攻打原国。晋文公和士兵约定用七天时间攻打原国。晋军到了原国后，受到了顽强的抵抗，七天之后，原国仍然没有投降。于是晋文公下令撤军。所有人都不理解，但晋文公仍然坚持要撤军。他说："我已经和士兵们约好以七天为限，现在七天已过，我不能失去信用。信用是国家的珍宝，我不能为了得到原国而失去国家的珍宝。"于是晋军撤离了原国。第二年，晋文公又亲自率领大军攻打原国。这一次，他与士兵约定：一定要攻下原国才罢兵。原国人一听到晋文公和士兵的约定，马上就投降归顺晋国了。卫国人听到这件事以后，认为晋文公的信用已经达到了极点，也就归顺了晋国。不久，晋文公就成了天下诸侯的霸主。

许下诺言，就一定要去实现它，这是一个人在社会立足的根本。

诚信还意味着实事求是、不说谎话和瞎话。

所谓实事求是，就是从实际情况出发，不夸大，不缩小，正确地对待和处理问题。实事求是要求我们对事物有一个如实的反映，谎言和欺骗是绝对不能存在的。

　　每个人都会有过错，百般掩饰只是自欺欺人，不说谎话、不编瞎话是每个人做到诚实面对自己的第一步。

　　诚信还意味着要守时，即遵守关于时间的约定。

　　作为一个现代人，守时是一个重要的习惯，遵守与他人约定的时间，同时也遵守各种纪律规定的时间。如果不能做到这一点，可能会失去在同学和朋友之间的信誉，如果涉及纪律，还会受到相应的惩罚。

　　10岁的丽莎对穿衣特别挑剔。一天，大家都穿好了礼服去参加一个宴会。丽莎还想换衣服，家人提醒她没有时间了，但她执意要换。妈妈告诉她，说好了八点钟准时到的，如果再等下去，全家会去晚的，就失去了信用，对主人也很不礼貌。妈妈开车带着其他人走了，将丽莎留给了阿姨。

　　有了这一次经验后，丽莎就明白了：约好的时间就不应该迟到，说好的事情就不应该失信。

　　守时，即按时间进行，固然不能迟到，但也不要提前太多。有人觉得任何约定早一点总是好的。其实不然，单方面太过于将约定的时间提前，与迟到一样是不太礼貌的。最好是准时到达，这是最好的守时。

　　诚信还意味着要真诚待人接物。

　　所谓真诚，是指真实诚恳，没有一点虚假。在生活中，我们常常会说身边的谁谁谁挺虚伪的，意思就是说这个人待人不真诚。要不就是常常摆出一副真诚的样子，但并没有诚心诚意去对待别人，要不就是说一套做一套。

　　随着时间的推移，这样的人就会慢慢地被人疏远，如果还有人与他交往，也不能得到别人的真诚对待。为什么呢？一个不以真诚待人的人，谁会对他付出真诚呢？所以，就算这样的人还有朋友，也不过是一些同样以虚伪来对待他的朋友罢了。

　　在生活中，竭力帮助身边需要帮助的人，对每一个人所说的每一句话，做的每一件事，都发自我们真诚的内心，这就是我们所说的真诚待人接物了。一切以内心的善为最高标准。

　　的确，如果我们缺少了诚信，就会失去大家的信任，成为不受欢迎的人。别人不知道你说的哪句话是真的，哪句话是假的。渐渐地，说的话再也没有人相信，就失去了做一个正直的人最起码的资格！

　　如何帮助孩子以诚信立身？我有以下几点建议。

- **给孩子树立一个诚信的榜样。**要孩子讲诚信，父母首先要讲诚信。点点滴滴都给孩子做一个好的榜样。
- **帮助孩子做好为诚信付出的心理准备。**经常，孩子在最初答应别人的事的时候，并没有充分考虑到为了做到这一点会有所付出。一旦问题来了，他们会为了不得不付出的时间、精力或金钱等进行思想斗争，如果孩子舍不得付出，诚信就会动摇。父母应该帮助孩子做好为诚信付出的准备，告诉孩子有时候坚守诚信需要一定的勇气和付出，比如时间、精力与金钱。如果吝啬付出这些，很可能变成言而无信的人。

- **教孩子从小事做起**。父母要告诉孩子，正因为是小事，才需要在一开始的时候就认真对待，如果不是这样，不守诚信就会变成人的一种习惯，那么一旦真的有非常重大的事情时，习惯会让人再一次不守诚信。

- **告诉孩子要量力而"言"**。父母要告诉孩子管住自己的嘴巴，不要许下超出自己力量的诺言，如果觉得现在没有办法做到，就不要轻易说出口。无论对别人还是对自己，最好不要把自己做不到的事情说出来，而对已经说出来的话，无论如何都要信守，这不仅是对别人的尊重，也是对自己的尊重。

- **告诫孩子不要呆板处事**。诚信并不意味着人就要呆板处事。有的孩子以为讲诚信、做一个老实人就是傻瓜的代名词。其实不是，讲诚信绝不是让孩子变成一个不懂得变通的傻瓜，而是让孩子在对人处事时以诚实应对，绝不用虚假的东西去招摇撞骗。而面对变化了的形势要学会变通，同时又能做到诚实应对，这才是更高层次的诚信。

　　告诉孩子不呆板处事，还要告诉孩子如果确实是自己无能为力的事，就一定要给当事人打电话说明理由或者当面致歉并解释清楚。尽可能不要给对方造成更大的损失。

建议45：让孩子在承担责任中长大

　　随着时代的进步，现代社会的分工越来越细，人们相互依赖的程度也越来越高，这就需要人们有高度的责任心，把手头的工作做到最好。因为任何一个环节的失职，都可能导致整个事业的崩溃。所以，对于未来社会建设的主力军来说，现在的孩子需要从小学会承担责任。这事关少年儿童的社会化水平，也影响着他们未来的发展程度。

　　主动承担责任，意味着愿意主动去为他人或集体做更多的事情，愿意去冒更多的风险，也愿意付出随之而来的可能会有的代价。

　　我国加入WTO以后，首席谈判代表龙永图在《实话实说》栏目讲述了一件令人感慨的事情。他到瑞士访问时，在一个洗手间里听到隔壁小间里一直有一种奇特的响动，由于响动时间过长，而且也过于奇特，因此引起了他的好奇。于是，他通过小门的缝隙向里探望。这一看使他惊叹不已。原来，小间里有一个七八岁的小男孩正在修理马桶的冲刷设备。一问才知道，是这个小男孩上完厕所以后，因为冲刷设备出了问题，他没有把脏东西冲下去，因此就一个人蹲在那里千方百计地想修复那个冲刷设备。而他的父母、老师当时并不在他的身边。这件事令龙永图非常感慨，一个只有七八岁的小男孩，竟然能够如此勇于承担责任。可以说，这种承担责任的精神已经渗透到了他的每一个细胞、每一根神经，已经完全成了一种习惯。

　　只有一个人意识到要主动承担责任的时候，他的美好人格才开始形成，他才有可能成为一个真正的人。责任是一个人必须为之付出努力的任务，无论大小都应该重视。

　　在现实生活中，很多孩子似乎已经习惯了让父母在生活上当他们的保姆；在学习中，也已经习惯了父母当拐杖，让父母陪着读书，帮着做作业。最后的结果是离开了父母他们就手足无措，甚至寸步难行。

有个15岁的中学生说："在家里，爷爷奶奶、爸爸妈妈什么都替我做了，我长这么大，在家里没有洗过一双袜子，也没有扫过地。有时，爸爸也说我，我觉得自己应该多干点家务活儿，但就是懒得做。再加上他们老迁就我，我一耍赖他们就不让我做了。"其实这种情况在当前的中学生里有一定的普遍性。很多孩子想不到主动做些力所能及的事情帮助劳累的父母，根本就不可能形成责任心。

孩子总有一天要自立于社会，自立于人生，如果从小养成自己的事情自己做，自己的东西自己管，自己的生活自己安排的自我管理习惯，就能增强其行动的独立性、目的性和计划性，这对于他们今后生活的幸福和成功有巨大的帮助。

孩子难免会犯错，犯错是成长着的孩子的权利。没有一次次错误带来的教训，孩子也就不会有那些成长的经验。但前提是必须有知错就改的习惯。光承认错误是没有用的，对于有些错误造成的不良后果要想办法弥补、改正。也就是说，对于错误不能只是停留在口头的层面，要让孩子在行动上体现出来。

《金锣之声》曾刊载了"自驱力"一文，文中提到这样的故事：

在某企业的季度会议上，营销部的经理说："最近销售情况不理想，我们得负一定的责任。但主要原因在于对手推出的新产品比我们的产品先进。"

研发部经理总结道："最近推出新产品少是由于研发预算少。大家都知道，本来就杯水车薪的预算还被财务部门削减了。"

财务部经理马上接着解释："公司成本在上升，我们能节约就节约。"

这时，采购部经理跳起来说："采购成本上升了10%，是由于国外一个生产铬的矿山爆炸了，导致不锈钢价格急速攀升。"

于是大家异口同声地说："原来如此！"言外之意便是大家都没有责任。

最后，人力资源部经理终于发言："这样说来，我只好去考核国外的这座矿山了。"

就这样推来推去，每个人都没有责任了。如果不能承认自己的错误，根本谈不上为自己的错误负责任，当然也就谈不上责任心了。父母要帮助孩子意识到自己的错误，并且做到知错就改，以免孩子犯了错不加悔改，在人生的道路上摔更大的跟头。

人不可能脱离社会而独立存在，必须依赖于很多人。父母要让孩子认识到，自己所走的每一步路，都有无数的人在服务，如道路建设者、养路工人、清洁工人、司机、交警等，更不用说吃的粮食、穿的衣服、工作和娱乐了。

很多人一生都在做一个麻木的中间派，他们也坚持不伤害他人，不损害别人的利益，可是，也从没想过要为别人做点什么，没有一丁点为他人、为社会服务的意识，不停地索取却从不付出。其实他们的存在对社会、对他人而言也是一种伤害，因为他寄生在别人的贡献之上。

一个人的价值，应当看他贡献什么，而不应该看他索取什么。父母应该让孩子知道，我们每个人每时每刻都在不停地向这个社会索取，应当经常问一问自己：我应该贡献什么？我应该为别人做点什么？

如何培养孩子的责任心呢？我有以下几点建议。

- **教孩子学会自我服务**。让孩子从对自己主动承担责任开始，自己的事情自己做，父母不要事事代劳。

- **让孩子承担一定的家庭劳动**。这包括打扫卫生、给花浇水等。父母也可以鼓励孩子对家里的一些日常生活提出自己的建议，这样能培养孩子对家庭的责任感。

- **教孩子对自己的错误负责**。让孩子对自己的错误负责能帮助孩子快速成长。父母看到孩子犯错误，不要急于训斥，也不要想着替孩子解决。最好的办法是让孩子自己想一想补救措施，父母可以帮助孩子分析，必要的时候可以提供一些帮助。

- **让孩子知道父母的内心感受**。很多父母总是希望孩子能无忧无虑地成长，所以尽量把一切不愉快的事遮盖起来，可是，任何人在生活中都会遇到难题，父母没有必要让孩子觉得自己是无所不能的。有了困难，可以对孩子讲讲，他们会自觉地、主动地为父母分担忧愁，就算不能解决问题，也能启蒙孩子对父母的责任心。

- **要求孩子多关注班集体**。有为他人服务的意识，是社会对一个现代人最基本的要求，它不是一种品质，而应该是一种习惯。父母有必要提醒孩子在班级生活中多为他人和集体考虑，对所有需要努力付出的事情能够积极付出。

建议46：自信是人格的核心

自信是人格的核心。

"一个人最大的敌人就是自己。"如果孩子不够自信，当他面对某一件事时，就会自乱阵脚。而自信却能让他从容自如，让他内心生出一份必胜的信念。自信是一种自己相信自己的感觉，这种感觉引导着孩子的判断，更重要的是，它是引导孩子走向的分界线。

闸北八中的校长刘京海曾经说过这样的话：人是怎么生活的？靠自我概念！你觉得自己是个好人，你才会像个好人一样去生活；如果认为自己是个坏人，你便会像个坏人一样生活。

自信的威力并没有什么神奇或神秘可言。心存疑惑，就失败；相信胜利，必定成功。

我们先看一个故事：

有一个十三四岁的小女孩，每天傍晚都去一个小花园拉小提琴，每次她的母亲都陪着她，温柔怜爱地看着女儿拉琴。很多人都被那温情脉脉的一幕感动着。但是，一场意外在女孩脸上留下了一道道无法消除的疤痕，她天使一样的美丽成了回忆。从医院回家后，小女孩再也没有走出来过。突然有一天，人们又听到了琴声，但拉琴的不是小女孩，而是她母亲。

母亲一天天坚持着，想用琴声唤起女儿美好的回忆。一天，一个醉鬼闯进花园，莫名其妙地吼叫，说她拉的小提琴是最难听的。然后用肮脏和刺人的语言羞辱她。这时，女孩走到人群中，从母亲手里接过小提琴，坦然地仰起她那张不再美丽的脸，从容地开始演奏那些人们熟悉的曲子。在她放下小提琴时，所有人都热烈地为她鼓掌。

这位母亲用自己的行动和坚持告诉自己的女儿，虽然她的脸和妈妈的琴声一样，不够美，却仍然要拿出勇气。在困难面前，孩子若能得到父母的鼓励和支持，才有可能昂首向前。

相反，自卑会限制一个人的生活，在他有所决定、有所取舍的时候，自卑会抹杀他的勇气与胆略；当他碰到困难的时候，自卑站在他的背后大声地吓唬他；当他要大踏步向前迈进的时候，自卑拉住他的衣袖，叫他小心地雷。

父母要让孩子趁早远离自卑。

美国历史上第一位获得普利策奖的黑人记者里克·布拉格，出生于一个贫困家庭，父母都靠出卖苦力为生，他从小非常自卑，一直认为，像他这样地位卑微的黑人，不可能有什么出息。

一次，父亲带他去参观画坛巨擘梵高的故居，看过那张小木床及裂了口的皮鞋后，他不解地问父亲："他不是百万富翁吗？"父亲答道："他是位连妻子都没娶上的穷人。"

第二年，父亲又带他去参观童话大师安徒生的故居，他再次困惑了："爸爸，安徒生不是生活在皇宫里吗？"父亲说："安徒生是鞋匠的儿子，他就生活在这栋阁楼里。"

此后，里克·布拉格振作精神，发奋努力，终于大有作为。20年后，他说："上帝没有轻看卑微的意思，是两位贫贱的名人促使我走向了成功。"

里克·布拉格的父亲让梵高、安徒生告诉他的儿子，如果因为角色卑微而否定自己的智慧，因地位的低下而放弃自己的理想，甚至因被歧视而意志消沉，为不被赏识而一蹶不振，是多么愚蠢的错误啊！他以名人为榜样，在儿子的心田里，播下自信的种子，从卑微的土壤里长出了参天的大树。

自信的人相信天生我材必有用，他们只看自己所有的，不看自己没有的。

《中外文摘》曾刊载过《我只看我有的》一文，介绍了黄美廉的故事：

有一次，一所学校请来从小就患脑性麻痹的博士黄美廉为学生们进行一次关于生命的演讲。黄美廉因为这种奇怪的病，她的五官已经错位，甚至可以说，她是一个很丑陋的人。

当演讲进行到一个段落后，一个学生小声地问："请问黄博士，你从小就长成这个样子，请问你怎么看你自己？你都没有怨恨过吗？"大家心头一紧，真是太不成熟了，怎么可以在大庭广众之下问这个问题？

"我怎么看我自己？"黄美廉用粉笔在黑板上重重地写下这几个字，她写字时用力极猛，有力透纸背的气势，写完这个问题，她停下笔来，歪着头，回头看着发问的同学，然后嫣然一笑，回过头来，在黑板上龙飞凤舞地写了起来：

一、我好可爱！

二、我的腿很长很美！

三、爸爸妈妈很爱我！

四、我会画画！我会写稿！

五、我有只可爱的猫！

……

教室内忽然鸦雀无声，没有人敢讲话。她回过头来定睛看着大家，再回过头去，在黑板上写下了她的结论："我只看我所有的，不看我所没有的。"掌声在学生中响起，黄美廉倾斜着身子站在讲台上，满足的笑容从她的嘴角荡漾开来，眼睛眯得更小了，但有一种永远也不被击败的傲然写在她脸上。

一个人如果真的不幸有某些缺陷，就算整天以泪洗面也于事无补，只有正视现实，并且不把自己看得与别人不一样，才能从自怨自艾中走出来。同时，只有看到自己的缺点，正视自己的弱点，才能相信自己并不是一无是处，也能做到很好。

自信的人不怕失败，越挫越勇。

凤凰涅槃于火焰，珍珠璀璨于伤痕。任何人在实现目标的过程中不可能一帆风顺，一定会有很多困难和阻挠，能不能克服这些成功路上的阻碍，就要看有没有这份自信，来引发内心顽强的毅力，如果真能做到"咬定青山不放松"，自然可以"守得云开见月明"。

在古希腊神话中，有一个西绪弗的故事：

西绪弗在天庭犯了法，被天神惩罚，降到人世间受苦。他受的惩罚是要推一块石头上山。每天，西绪弗都费了很大的劲儿把那块石头推到山顶，然后回家休息，可是，在他休息时，石头又会自动滚下来，于是，西绪弗又要把那块石头往山上推。这样，西绪弗所面临的是：永无止境的失败。天神要惩罚西绪弗的，就是折磨他的心灵，使他在"永无止境的失败"命运中，受苦受难。

可是，西绪弗不肯认命。每次，在他推石头上山时，天神都打击他，告诉他不可能成功。西绪弗不肯困在成功和失败的圈套中，他想着：推石头上山是我的责任，我只是要把石头推上山顶。至于是不是会滚下来，那不是我要想的事。

所以，每天当西绪弗努力地推石头上山时，他心中都十分平静。天神因为无法惩罚西绪弗，就放他回到了天庭。

西绪弗的秘诀就是：相信自己的内心，不屈不挠，坚持到底。

如何帮助孩子树立自信，克服万难呢？我有以下几点建议。

● **千方百计让孩子知道自己是优秀的。** 父母要鼓励孩子经常暗示自己是优秀的，做事情的时候，必须总是想着"一定可以"，因为自己本来就是出色的。在指导孩子进行自我暗示的时候，父母在一旁也要多鼓励孩子，帮助孩子看到自己的进步，让他发现原来自己一直都是最棒的。

- **让孩子从小目标做起**。在孩子自信地决定要去做事情的时候，父母要提醒孩子一定不要好高骛远，要确立合适的目标，从小事做起，也就是先从自己能干的事情开始，先用小步子来调整自己的心理。

  当孩子制定长远的目标后，父母要指导孩子多设一些中间目标，一步一步完成，并经常用完成的中间成就值来鼓励孩子，不断消除孩子的自卑感，增强其自信心。

- **警惕孩子的虚荣心**。在一些时候，虚荣心会促使孩子努力奋斗，而一旦失败，孩子就会更加失望，其自信心所受到的打击也更大。所以父母要向孩子说明不要有太强的虚荣心，尽量保持平和的心态。

- **帮助孩子忘掉曾经发生过的不愉快**。很多不自信的人往往是因为沉浸在过去的痛苦经历中不能自拔，做事之前总是会联想到与这件事相似的失败经历。当孩子想到过去不愉快的经历时，要迅速帮助他们转移目标，用愉快的事情来调节。改变内心的忧愁，等于铲除自卑产生的土壤。

- **鼓励孩子去做曾让他们害怕的事**。帮助孩子建立自信心最快、最切实的方法，就是去做曾经让他们害怕的事，直到获得成功的体验，比如上课故意坐到第一排、正视别人、当众发言、在陌生人面前展示才华等。

建议47：让孩子学会讲文明礼貌

文明礼貌是中华民族的传统美德，是人类社会为维系正常生活共同遵守的最起码的道德规范。文明礼貌既反映了一个人内在的思想道德水平和文化修养，也体现着是否尊重人、关心人，是否懂得人际交往的艺术。

因此，让孩子学会讲文明礼貌，是一件尤为重要的事情。

一个人的行为文明程度，是其道德品质高尚与否的重要外在表现，是其心理健康与否的重要标志，也是其身心和谐发展的重要保证。父母从小教育孩子讲文明礼貌，让孩子在文明和谐的家庭中长大，孩子就会健康成长，成为卫生整洁、仪态端庄、举止文雅、遵守礼仪的人。

有一个小女孩，因为在接电话时表现出良好的文明礼貌，不管打电话的人是否见到她，都对她的良好行为留下了深刻的印象。这位小女孩的礼貌行为和她妈妈的细心培养分不开。电话是现代人最常用的通信工具之一，由于通话双方不见面，全靠声音来沟通，所以礼貌就显得尤为重要，如礼貌的语气、礼貌的用语、关乎礼貌的细小环节、礼貌的称呼等。

对于中小学生来说，由于年龄的关系，平时接打电话的数量不多，如果在电话里显得很没有礼貌，就会让电话那端的人对他的失礼留下更深刻的印象。父母如果能有意识地对孩子接电话需要注意的细节进行及时指导，久而久之，孩子就会渐渐养成文明礼貌的习惯。

孩子养成了文明礼貌的习惯，就会比较易于获得别人的好感，获得别人的接纳。在友好相处的氛围中，孩子会更乐于追求极美好的东西，促使自己成长。

讲文明礼貌，一个很重要的方面是耐心地听别人说话。

在现代社会竞争中，一个人如果能礼貌、耐心地听别人说话，常常会赢得对方更多的信任，让其在社会交往中游刃有余。

我曾在《怎样培养习惯》一书中介绍了这样一个故事：

有一位顾客在一家商店买了一套衣服，却发现这套衣服的上衣褪色，把他的衬衣领子都染黑了。于是他将这套衣服带回店里，找到卖给他衣服的店员，告诉他事情的情形。他想诉说此事的经过，但被店员打断了。激烈辩论时，另一个售货员也加入进来再次打断了他的话。顾客变得火冒三丈。因为这两个售货员几次打断他的话，说明他们压根就没有打算听他投诉的意思。于是辩论变成了争吵。这时，经理突然走了过来，他的态度完全不同。他静听这位顾客从头至尾讲述他的经过，不说一个字。听完之后，他承认他不知道毛病的原因，并率直地对这位顾客说："你要我如何处理这套衣服呢？你说什么，我可以照办。"

就在几分钟前，顾客还预备告诉他们留起那套可恶的衣服。但现在他却回答说："我只想要你的建议，有什么办法解决。"

很多孩子，尤其是独生子女，在和别人谈话时，往往把自己放在谈话的中心，一旦对别人的话题不感兴趣，就会有不耐烦的心态。其实，学会倾听也是一种学问。一个善于倾听的人，常常会是一个受大家欢迎的人，因为倾听能有效地拉近人与人之间的距离，同时能让人对他产生一种信赖感，从而在社会交往和社会竞争中赢得更多的机会。

一个人无论生活在怎样的集体中，最终都是以其特有的个性来显示自己的存在，既然是一个独立的个体存在，那么每个人或多或少总有不便为人所知或不愿为人所知的事情，这些事情，便是个人的隐私。

很多人都玩过传声筒的游戏，一句话从第一个人到最后一个人，再说出来已完全走了样，如果我们也去传播别人的隐私，其实也是在充当一个传声筒。而这不仅会影响别人的正常生活，还会影响自身的公众形象，没有一点好处。所以，父母应该告诉孩子，想做一个现代的文明人，就不要随意去传播别人的隐私。

如何让孩子学会讲文明礼貌呢？归纳起来有如下建议。

- **对孩子进行仪表训练**。妆容上，要求孩子坚持洗脸、刷牙、梳头、洗手、洗澡，保持清洁的身体，通常应该每天刷牙、洗脸、梳头各两次，饭前便后和做完事情后随时洗手，洗澡可视情况而定。

  仪态举止上，主要从站、坐、行以及神态动作进行训练，"站如松，坐如钟，行如风，卧如弓"，优美的站立姿态给人以挺拔、精神的感觉。正式场合不能叉腰或双手交叉，坐姿要求端正挺直而不僵硬，不能半躺半坐。走路要求挺胸抬头，肩臂自然摆动，步速适中，忌讳八字步、摇摇晃晃，或者扭捏碎步。表情神态要求表现出对人的尊重，忌讳随便剔牙、掏耳等不良动作习惯。

服饰上，孩子的服装应活泼大方、端正得体、价格适中、好穿耐用。衣服不在于新旧，而在于保持整洁。

- **对孩子进行语言训练**。重视孩子的语言文明，要求他们坚持使用，并做到表里如一，真正从内心深处尊敬他人。如说"对不起"，就是真心表示道歉，而不是当作推卸责任的挡箭牌。使用礼貌语言还必须讲究语言得体，要有针对性。如对长辈说话要尊敬而亲切；对同学说话要随和而热情；请求别人帮助时态度要诚恳；面对长辈询问时，要积极热情地回答。

- **对孩子进行行为训练**。孩子是否做到文明礼貌，最重要的还是体现在行为上，父母应当关心和指导孩子的行为，使其养成良好的行为习惯。比如，教育孩子去别人家时先敲门，得到允许再进门；在家接待客人时要学会让座、请茶、送客等，并且不影响大人之间的交谈。可以让孩子参与一些力所能及的待客活动，通过直接参与，使孩子待客的动作和技巧得到练习并逐步养成行为习惯。

- **对孩子进行网络文明教育**。父母要引导孩子正确上网，文明上网。在具体监督和引导时，可以参考《全国青少年网络文明公约》的规定："要善于网上学习，不浏览不良信息；要诚实友好交流，不侮辱欺诈他人；要增强自护意识，不随意约会网友；要维护网络安全，不破坏网络秩序；要有益身心健康，不沉溺虚拟时空。"

- **父母要做文明礼貌的表率**。父母自己满口脏话，却要求孩子讲文明，其结果是可想而知的；父母自己经常占小便宜，却要求孩子帮助别人，是不会有作用的。父母加强自身的道德修养，既要从主观上努力，又要主动接受孩子的批评、监督，敢于向孩子承认错误，这样才能以自己的进步影响孩子的进步，使整个家庭充满文明礼貌的气息。

建议48：帮助孩子改掉任性的毛病

按《现代汉语词典》上的解释，任性即为：放任自己的性子，不加约束。

任性孩子的表现为：自己想怎么就怎么，常常故意不听父母的正确劝告，严重的还会故意逆着父母的意愿行事。如果任其自由发展，会让孩子逐渐失去自控能力，变得不冷静，爱发脾气。因此，父母要下决心帮助孩子改掉任性的毛病。

任性让人固执己见，不受任何约束，缺乏控制自己的能力，对人的身心发育极为不利。

美国教育家麦加菲在其著作《成长的智慧》一书中讲述了这样的故事：

7岁的维克多是一个漂亮的小男孩，爸爸妈妈很喜欢他。但是他有一个缺点，就是特别任性。若是得不到他想要的东西，他就会哭闹。

爸爸妈妈很宠爱他，所以没办法，每次都满足他的要求。只有爷爷摇着头说："也许只有让他吃点苦头，才会知道不是什么都可以要的。"

教训很快就来了。

一天，维克多一家去野外郊游。那是一个很美的春天，到处洋溢着春的气息。妈妈领着维克多去看盛开的鲜花。"我想要一支。"维克多指着盛开的红玫瑰说。

于是妈妈摘了一支红玫瑰给了他。过了一会，维克多又喜欢上白玫瑰，喊道："妈妈，我还想要那支白色的。"

"不行，亲爱的，"母亲说，"这上面有很多的刺会扎破你的手。"

维克多得不到白玫瑰，便大喊大叫起来。一边吵闹着，一边伸出手去抓那支漂亮的白玫瑰。但是抓到的时候，他马上就后悔了，因为这支玫瑰刺伤了他的手，他的手很疼。

这一次，他是真的哭了，哭得很伤心。从此，聪明的维克多任性的坏习惯改了很多，因为那支带刺的白玫瑰在他的脑海里留下了很深刻的印象。

可惜，生活中很多孩子并没有从一次的任性中吸取教训，反而变本加厉，一次比一次更加任性，导致性格越来越怪异，最终成为不受欢迎的人。

任性与独立性常常只有一步之遥，父母不要把孩子的独立性错当成任性。

很多人都以为小孩子就应该完全听父母的话，如果老是"反抗"父母，就是一个任性的孩子。事实是不是真的这样呢？反抗真的就是任性吗？

德国一位儿童心理学家做过这样一个试验，从2～5岁的儿童中挑出100名"反抗"程度较强的儿童和100名几乎看不到有"反抗"性的儿童，进行追踪调查，一直追踪到青年期。结果发现，在"反抗"性较强的100名儿童中，长大后有84人意志较坚强，有主见，有独立分析、判断、发现问题和解决问题的能力；而在"反抗"性较弱的100名儿童中，只有26名意志比较坚强，其余的人遇事不能独立承担任务，不能独立作出决定，不能独立处理问题。

由此可见，平常我们认为"反抗"即任性是不严谨的，有时候甚至可以说，稍微的反抗意识是孩子走向独立所必需的。

既然我们平时所说的"任性"并不真的就是任性，那么哪些情形不是任性呢？

正常的心理要求不是任性：

小珍已上小学六年级了，爸爸妈妈带她去亲戚家。到了亲戚家，小珍喜欢和亲戚家的小朋友一起到楼下去玩，可是爸爸妈妈认为女孩子应该表现得安静一点，要她乖乖地和他们一起坐在沙发上听大人聊天，哪里也不许去。可是小珍不愿意，她还是高兴地和小朋友一起下楼去玩了。于是妈妈有点不好意思地对亲戚说："不好意思，这孩子太任性，连大人的话也不听。"

实际上，小珍的行为就不算是任性。随着孩子年龄的增长，独立性也会随之增强，不希望父母再把自己整天拴在身边。虽然父母认为小珍是女孩子，而且是在客人家，希望能给别人留下好的印象并没有什么错，但是和年龄相仿的小伙伴一起玩耍，这是每一个小孩子的天性，也是正常的心理要求，这肯定比坐在沙发上听大人之间的谈话要好得多，因为大人谈话小珍是无法参与的。

意志坚强不是任性：

小刚特别喜欢制作飞机模型，一干起来就什么也不顾了。每当这时，父母无论让他干什么，他都不理不睬。所以，妈妈常常生气地指责他太任性。

像小刚这样的情形，其实是很冤枉的，因为这样并不算是任性。一个孩子倾心于自己的爱好，一心钻在小飞机模型的制作上，这反映了孩子浓厚的兴趣，旺盛的求知欲，一心要把自己的模型做好，这是意志坚强的表现。父母打断他其实是在破坏他的情绪，分散他的精力，使他的创造力得不到发展。

一个不任性的孩子并不是无论在什么情况下都要绝对服从父母的支配，如果真是那样，"任性"没有了，韧性也没有了。在任何情况下，孩子都绝对服从父母，只会扼杀掉孩子身上的个性，让他们变成一个毫无主见、唯唯诺诺的庸人。

如何帮助孩子改掉任性的坏习惯呢？现总结为如下几个方面。

- **找原因**。对症下药，才能事半功倍。大多数孩子任性的形成，主要有这几个原因。

  - 父母对孩子溺爱、娇惯、放任、迁就。据调查，独生子女和末生的孩子任性率较高，达到60%左右，孩子任性往往与他们在家庭中受到百般宠爱有关。

  - 父母对孩子简单粗暴。有些父母的教育方法简单粗暴，造成孩子的逆反心理，不管父母说的对不对，孩子都不接受，埋下了任性的种子。

  - 父母蔑视孩子的人格。有些父母总爱讽刺、挖苦、谩骂孩子，或者当着众人面数落孩子。有时父母的话虽然对，但刺伤了孩子的自尊心，即使孩子心里明白错了，为了保全面子也不愿接受批评，于是就以"拧"来对抗。

- **从小培养孩子良好的行为习惯**。培养良好的行为习惯，才能从根本上解决孩子的任性，例如饭前便后洗手；放学后先做作业、复习功课，然后再玩；办事不拖拉等。如果孩子从小没养成好习惯，长大了再要求他，他就会产生反感。

- **及早预防**。孩子的任性发作一般都是有规律的，当可能诱发任性的条件临近时，就要事先预测好，做好预防工作。可以事先约法三章，提出要求，比如去商店以前，要估计到孩子会要求买玩具耍赖，父母事先跟孩子讲好条件，对玩具只看不买。这样的协议在先，到时候就算要反悔也来不及了。

- **多和孩子谈心**。平时我们应该主动与孩子多谈心，让两代人取得相互信任。如果两代人的感情和谐，双方有什么事都愿意主动与对方商量，孩子又怎么会老是任性呢？

建议49：避免冷漠毒害孩子的心灵

冷漠的人常常对人对事冷淡、不关心，表面上看这无关紧要。但冷漠对人的毒害之深，完全出乎了人们的想象。它就像一剂慢性毒药，慢慢地侵蚀孩子幼小的心灵，阻碍孩子健康成长。

作为人性的一大弱点，冷漠常常被人忽视，甚至很多人会错误地把它当作自己的个性来保护。实际上，他们没有意识到冷漠对一个人的影响到底有多大。

我们先看看一个士兵的故事：

战争结束后，一个士兵回到国内，在旧金山给父母打了一个电话，告诉他们自己要回家了，但要带一位朋友回去，可是这位朋友在战斗中受了重伤，他踩中一个地雷，失去了一只胳膊和一条腿。这对父母没有答应儿子的请求，不希望儿子的朋友跟他们住在一起，因为一个残疾人将会给他们带来沉重的负担，他们不能让这种事干扰自己的生活。父母希望儿子赶快回家，把那个人忘掉。

儿子挂上了电话。父母再也没有得到儿子的消息。然而几天后，旧金山警察局打来一个电话，告知他们的儿子从高楼上坠地而亡，警察局认为是自杀。悲痛欲绝的父母飞往旧金山，在陈尸间里，他们惊愕地发现，他们的儿子只有一只胳膊和一条腿。

由此可见，冷漠常常让人失去最基本的同情、侧隐之心，变得没有人情味。在很多人眼里，冷漠的人孤独地生活，就像一具行尸走肉，只有肉体，没有灵魂。

一个人冷漠，就看不到真正的生活和真正的人生，看不到未来的希望，得不到挚友和知音。

我们每一个人都有被别人尊重和关心的需要，这是我们最基本的心理需要之一。跟随冷漠而来的，必将是内心深处的孤寂、凄凉和空虚。无论这个人取得什么样的成功，如果没有人来与他分享、对他关心，那么他所取得的成绩也毫无意义可言。

如果一个人只顾考虑自己，就不可能得到一个完整的世界。

冷漠的魔爪常常在不知不觉中伸向父母的希望——孩子，因为现在的孩子常常被当作家庭的中心或焦点，他们习惯于接受他人的付出和关爱，却不懂得付出一点点回报。冷漠的人自私、麻木，没有同情心，不会体谅别人的困境，不懂得付出，注定是不受欢迎的人。要让孩子成为一个真正的人，父母不能不帮助孩子警惕冷漠这个大敌。

如何避免冷漠毒害孩子的心灵呢？我有以下几点建议。

- **培育孩子的爱心**。要帮助孩子把付出爱心当作一种责任，争取每天都执行它，发现身边那些需要关爱的事物或人后，便立即行动。父母可以指导孩子付出爱心给朋友、同学和亲人，或者陪同孩子参加一些公益活动，让孩子亲身体验付出爱心的快乐和得到回报的幸福感。

- **培养孩子的积极心态**。有的孩子碰到了一些微不足道的问题，因为挫败感，常常把这些小问题当成了天大的事，感到无助和失落，然后慢慢变得心境冷漠。这时，父母应该帮助孩子找回过去积极热情的心态，帮助孩子重温成功的喜悦，当孩子的心态发生了变化，冷漠也就随之解体。

- **让孩子多与他人交流**。生活中不愿意与人交流的人最终都会变成冷漠的人，也许连他们自己最后也会发现不知道从什么时候起，开始变得不会说话了。经常与人交流对克服冷漠非常重要。经常让孩子和他人交流，可以让孩子了解不同的人各自不同的喜怒哀乐。因为接触到很多有感情的事物，孩子的感情也会变得丰富起来。一个情感丰富的人，总是更敏感，很多别人不能注意到的事物，也能引起他们的共鸣。这样孩子怎么可能是一个冷漠的人呢？

- **做孩子的榜样**。父母有爱心，孩子也会有爱心。但父母要注意不要把所有的爱心给孩子，这样只会在无形之中助长孩子的冷漠。父母要把自己的爱心奉献给老一辈人，奉献给朋友，回报给社会，让孩子觉得，奉献爱心是一件快乐的事，美妙的事，值得的事。

第8章
真正的教育是自我教育

建议50：引导孩子自主学习

自主学习，意指把学习当作一种发自内心的、反映个体需要的学习。它的对立面是被动学习，即把学习当作外来的、不得不接受的一项活动。

孩子只有主动地去学习，才可能学得更好。帮助孩子培养主动学习的习惯，就是要让孩子视学习为自己的迫切需要和愿望，坚持不懈地进行自主学习、自我评价、自我监督，必要的时候进行适当的调节，使学习效率更高、效果更好。

自主学习的人，一定会把学习当成自己的事情，能处理好学习的每个细节，不需要别人的提醒就能做好自我管理。

捷克斯洛伐克著名分析化学家，"极谱学"创始人，1959年诺贝尔化学奖得主海洛夫斯基，小时候对待学习认真的态度，就很让人钦佩：

一天，海洛夫斯基从学校回来，愁眉苦脸的，吃晚饭也心不在焉。妈妈发现他不开心，就问他怎么了。他说自己做错了老师布置的一道题，还没找出错在哪儿。饭后一家人又出去散步。回到家，海洛夫斯基又开始思考那道错题。姐姐弟弟们玩游戏，弟弟来敲门，邀请他一起玩，他说要先把那道题做出来。又过了一会儿，姐姐也过来邀请他一起玩，他仍在演算题目。姐姐热心地要帮他做，但他说要自己把它做出来，已经找到一处错的地方了，一会儿就能做完。果然，他很快就把题目做了出来，然后才快乐地和姐姐弟弟们一起玩游戏。

一个人只有自主地学习，才会把学习当成自己的事情，独立、认真、扎实地做好学习中应该做的每件事情，解决好学习中遇到的每个问题。

1938年诺贝尔物理学奖获得者费米小时候特别爱读书，接受能力很强，学校所开设的课程怎么也"喂不饱"他。他就去找"零食"——课外书来读。著名的露天市场每逢星期三就在百花广场开市，他在这里收集到不少"宝物"，买到很多物理学方面的书。费米勤奋、好学和上进精神，深深地感动了邻居阿米迪教授。教授很快看出这孩子是块好"料子"，非常喜欢费米。

有一回教授半开玩笑地说要给费米出几道题，费米跃跃欲试。教授自知题目显然高出费米的水平，并不期望他全部解答出来。可是费米一会儿就全部解答出来，还缠着教授出一些更难的题目"过过瘾"；教授就出了一些他自己还未解出来的题目给费米。奇迹出现了，费米居然又全部解答出来了！教授赞赏不已，慨叹后生可畏。他把自己所有有关物理和数学方面的书，按合理的顺序一本一本送给费米学习。费米如鱼得水，尽情在物理和数学知识的海洋里遨游。

一个人如果养成主动学习的习惯，他就永远不会抱怨时间不够用，因为随时随地，只要有空闲，他首先想到的事情是学习。这样就能把零散的时间都利用起来。鲁迅说，我只是把别人喝咖啡的时间，用在了读书上。他还说，时间就像海绵里的水，只要愿意挤总会有的。

一个人在学习过程中，不仅学习水平在不断变化，兴趣和爱好也在不断变化，对这些方面进行评价和审视，不仅有利于保证学习的程度和质量，更重要的是有利于保证学习方向的正确。

多伊西出生的1893年，正值美国经济危机时期，当时成千上万的工人失业，而很多方面不可或缺的工程技术人员却没有受到严重影响。于是身为工程师的父亲认为孩子长大后必须做工程师才能保住"铁饭碗"。因此多伊西上中学时，父亲就严格管教他，要他学好学校里的刻板课程。但多伊西爱好广泛，既对生物、化学和物理类的课程感兴趣，也对伦理学、哲学方面的书籍感兴趣。并且他既能把精力投入到自己感兴趣的知识领域中去，又能对学校课程应付自如。所以在整个中学时代，他的成绩都是中等偏上。他父亲也觉得很正常，没有过多干涉他的学习兴趣。

但到他上大学时，父亲坚持让他进工程学院。到了大学，课程应付起来就没有中学那么容易了，他第一学期的课程只能勉强保证每门功课都及格。这让学院里的老师们都大为惊讶，因为多伊西是个手不释卷的学生，取得这样的成绩太不可思议了。于是导师问他为什么，他说："我对学校规定的课程都没有兴趣，我平时看的书多数不是必修课和选修课。"导师更加奇怪："你既然不喜欢工程学，为什么又报考工程学院呢？"他说，那是父亲的主意。于是导师把情况汇报给学校，及时让他转入应用科学院，学习生物化学。转班后，他的成绩很快就直线上升。最终，这次改专业给他带来巨大成功，他于1943年获得诺贝尔生理和医学奖。

一个人身边的环境，并不由自己决定。当一个人总在抱怨自己的环境是多么不公的时候，他的注意力十有八九已经脱离学习本身，他的能力也将浪费在抱怨中。适应不同的环境，不仅是主动学习的表现，也是锻炼各种能力和增强人格力量的机会。

善于自主学习的人，会根据情况的变化调节自己的学习目标和行为。世界处于不断变化之中，在不断变化的世界中，只有能及时应对变化的人，才能时时处处得心应手。

中国科学院院士杨叔子先生说，他小时候由于一开始接受的是传统私塾教育，所以国文学得很好，但是数学不好。开始学数学的时候，四则运算的加法、减法和乘法都能理解，但是无论如何也理解不了除法。后来，他冥思苦想，过了好多天才豁然开朗，终于明白除法的奥妙所在。此后，他通过不断地独立思考，解决一个又一个理科学习的困难，最终成为国内著名的科学家。

杨院士的经历告诉我们：在不同环境中，要根据学习需要，主动调节自己的学习行为。只有这样，才能增强自身素质和能力。

常常有学生抱怨自己的学习不好是因为父母帮助得不够，或者不给自己请好的家教之类的因素。其实，越是学习好的学生，越是有思想的人，对别人的直接帮助需要得越少，他们更多的是自己埋头钻研。别人的帮助，对他们来说主要是提供不同的信息，拓展自己的视野。

在伟大的科学家们的生涯中，往往是在年幼时期，由于偶然的机会接触到的信息启发了他们伟大的头脑，从而对他们的命运产生重大影响。

在爱因斯坦步入自然科学领域的最初几步，有一个人是很重要的，是他把打开自然科学殿堂大门的第一把钥匙递给了爱因斯坦。他就是来自俄国的大学生塔尔梅。一开始，塔尔梅总是和爱因斯坦谈论数学问题，越谈就越引起爱因斯坦对数学的浓厚兴趣。对学校枯燥教学方式厌倦的爱因斯坦干脆自学起微积分。学习医学的塔尔梅不久后也不是爱因斯坦数学上的对手，但他依然热情地为爱因斯坦介绍当时流行的种种自然科学书籍和哲学著作，如布赫纳的《力和物质》、伯恩斯坦的《自然科学通俗读本》等。

对于伟大的头脑，最有效的事情往往不是直接教他们如何学习，而是为他们提供能够启发思维的信息和资源。

当人们遇到困难时，常常想得到别人的援助。因此失败的时候，回首从前，人们喜欢说："如果那时候，某某能帮我一把，我就不会是现在这个样子了。"不可否认，很多人的成功似乎是由于在某个时刻得到别人的帮助。但是，别人的运气，不应该成为为自己开脱的理由。

如何帮助孩子养成自主学习的习惯呢？我有以下几点建议。

- **要让孩子把学习当成自己的事。**在这一点上，父母其实不用讲什么大道理，只需要从生活中找一些事例让孩子自己去感受就可以了。

- **让孩子对学习如饥似渴。**父母要让孩子形成对知识的渴望，就要启发孩子的好奇心，让他们从学习中找到乐趣。

- **教孩子学会自我评价。**当孩子清楚自己的优点和不足之后，会自然而然地想办法扬长避短，而主动学习就是好办法。

- **要求孩子对学习活动精益求精。**对于处于逆境中的人来说，学习是否主动更容易发现；但对于学习上处境和形势比较优越的人，判断是否主动却比较难。其实对于学习处境和形势比较优越的人，学习上的主动性可以从是否精益求精上看出来。主动的人，总能寻找到自己的发展点，更加努力。

建议51：培养孩子的探索精神

培养孩子喜欢探索，就是让孩子在未知的领域里，凭借自己的兴趣爱好、凭借自己的发现和寻找进行学习，多方寻求答案，解决疑问。

爱因斯坦说，兴趣是最好的老师。一旦产生了兴趣，就会产生弄清事物来龙去脉的冲动。当这种冲动不是昙花一现，而是指引着一个人坚持不懈地去努力寻求原因时，就成了真正的探索。

我们先看看爱因斯坦小时候摆弄罗盘的故事：

在爱因斯坦很小的时候，他就表现出了对新鲜事物的强烈好奇心。一天，爸爸送给他一件小玩具——罗盘。小爱因斯坦为此心花怒放，立刻爱不释手地摆弄起来。

爱因斯坦看到罗盘中间有一根指北针，尖端一头涂着红色，颤巍巍地抖动着，总是顽固而坚定不移地指向北方。于是就小心翼翼地转动盘子，想偷偷改变指针的方向，但无论他怎样转，红色的那端依然牢牢地指向北方。小爱因斯坦急了，猛地一转身子，从朝北转向朝南，心想："这样指北针总该跟着我走了吧？"但是定眼一瞧，他不由大吃一惊：红色的一端依旧指着北方。为了弄清这个问题，在随后的一段时间里，他翻来覆去地研究罗盘，想在指针周围找出那神秘的东西。但令他大失所望的是，他什么也没找到。

虽然小爱因斯坦并未获知指北针永远指北的原因，但这次经历留给他深深的印象。也许，爱因斯坦日后对电磁场的深入研究，其灵感就是源于童年时代那谜一样的小玩具罗盘呢。

探索，首先要对周围某些事物、现象，对听到的观点、看法有浓厚的兴趣，如果对周围的任何事物和现象都没有丝毫兴趣，不能有所感触，那就不可能产生真正的探索。

探索还来源于怀疑。没有疑问，就没有探索。

科学世家的"小公主"、居里夫妇的女儿伊伦·约里奥·居里，与丈夫一起获得1935年的诺贝尔化学奖。她小时候非常好动、淘气，但是自从参加由母亲居里夫人及其好友朗之万、佩兰等人制订的合作教育计划后，她的淘气变成了对未知事物强烈的爱好和探索精神。

一次，物理学家朗之万给孩子们出了一个问题：把一条金鱼放进一个装满水的鱼缸里，然后把溢出来的水接在另一个缸子里，结果却发现这些水的体积比金鱼的体积小，为什么？

孩子们议论纷纷。伊伦却在想浮力定律—— 浸在水中的物体所排开水的体积应当与物体体积相等。可这个定律怎么到了金鱼身上就不灵了呢？朗之万是知识渊博的大物理学家，总不会是他弄错了吧？

回家后她去问妈妈。居里夫人让她动手试试看。于是她从实验台上取了个缸子，又弄了条金鱼，开始做实验，结果竟然是溢出的水体积与金鱼的体积一样。第二天一上课，她就质问朗之万，为什么给他们提出一个错误的结论，并详细地描述了自己的实验经过和结果。朗之万听完，赞赏地笑了。

如果对于别人提出来的观点，不假思索地接受，也会埋葬探索的机会。相反，如果凡事多问几个为什么，不盲从，能获得很多发现的新机会。

真正喜爱探索的人常常耐得住寂寞，其兴趣不因外界的关注与否而加强或者减弱。

并不是所有人都关注的事情才有价值，有时候"真理掌握在少数人的手中"。"随大流"很容易，但是能够"耐得住寂寞"，坚持做少数人就难了。

迄今为止，英国科学家桑格是唯一一位一生中两次(1958年和1980年)获得诺贝尔化学奖的科学家。虽然成就如此"傲人"，但桑格在中学时代远远不是什么"天才"或"神童"，成绩甚至属于"平庸"一类，在获得工作机会的过程中也曾经差一点因为"平庸"被拒之门外。他1939年毕业于剑桥大学，1940年英国剑桥分子生物学实验室主任佩鲁兹在聘请他到自己领导的实验室工作之前，征求过一些权威人士和一些一般人士的意见。那些人对桑格的正面评价不多。当佩鲁兹选择桑格时，很多人感到不可思议。原来佩鲁兹主要看中了这位年轻人的闯劲和思想解放，还有他的化学专业背景，这都是剑桥分子生物学实验室所需要的。桑格虽然并不突出，但是他的思维很有原创性，在硕士论文里提出了连博士课题都很少具有的创意和思想。

探索的问题可能会在教科书里出现，但并不是每个问题都能从教科书里找到答案。更为重要的是，越具有原创价值的观察，越无法从教科书里找到答案，这时候需要进行思维冒险和全身心投入。而且必须注意到的是，越是原创的探索，需要付出的时间和耐心会越多。

昆虫对于大多数人来说并不陌生，但对昆虫进行研究性观察的人并不多。著名的昆虫学家法布尔的成功，就源于他对昆虫进行了原创的研究性观察：

有一次，他走在路上，突然看到许多蚂蚁在搬运几只死苍蝇。他觉得这是观察和研究蚂蚁生活习性的好机会，于是便不顾地上是否干净，趴在地上专心致志地观察了四个小时，手脚都麻了也丝毫没有觉察。

还有一次，几个农妇早上去摘葡萄的时候看见法布尔躺在路上，眼睛盯着一块石头出神。下午回来时，看到他竟然还在那里躺着。她们不明白，他怎么能盯着一块石头看了整整一天，怀疑他是不是疯了。其实他是在观察石头上的昆虫。

就是靠这么顽强、持久的观察和探索，法布尔才完成其巨著《昆虫记》。

"不入虎穴，焉得虎子"，所以有的时候进行探索，需要"明知山有虎，偏向虎山行"。不过有一点要特别强调：需要献身的探索并不是鼓励不顾危险、一味蛮干，而是要进行必要的防护，尽可能地做周密安排。

英国著名女人类学家古道尔从小喜欢生物。中学毕业后，她对研究黑猩猩产生了强烈的兴趣。后来她不畏艰险，只身深入热带森林，在森林中工作了十年之久。正是这种热爱，使她长期地、深入地对黑猩猩的生活行为进行了观察和研究，获得了极其宝贵的第一手资料。用这些资料，她写出了《人类的近亲》《我在黑猩猩中的生活》等著作，为人类学的研究做出了宝贵贡献。

如何培养孩子的探索精神？我有以下几点建议。

- **鼓励孩子尝试**。不要给孩子太多的条条框框，当孩子对周围某些事物、现象，对听到的、看到的观点、看法有浓厚的兴趣时，父母应鼓励孩子去尝试，去探索。

- **为孩子提供相应的工具和场合**。父母可以为孩子准备一些相应的探索工具和场所，特别对于实验科学来说，有一个雏形实验室十分重要，而对于动手制作来说，一些手工工具也必不可少。

- **帮助孩子丰富信息资源**。丰富孩子的信息资源，能够使孩子从更广博的角度来认识周围的世界，提出更多的问题，扩大自己的探索空间，提高探索的深度。信息资源，既包括人的方面的资源，也包括知识方面的资源。遇到一位能够看到孩子潜力的伯乐，他能带孩子走上一条成功的道路；遇到一条有价值的信息，也可能打开孩子的思维之门。

- **要在保证安全的前提下进行**。有些探索存在危险。父母要使孩子了解其行为存在的危险，让孩子保证自己和周围人的安全。这也能使孩子形成严谨、认真的意识。

- **培养孩子对新事物的开放心态**。培养不断探索的习惯，要有对新事物的开放心态。迄今为止，最年轻的中国科学院院士卢柯是目前我国纳米领域的领头人。他走上研究纳米技术的道路出于偶然，而这个偶然背后，却是对新事物的开放心态。

建议52：指导孩子不断自我更新

孩子的成长过程，实际上是一个不断自我更新的过程。指导孩子不断自我更新，就是让孩子不固守已经掌握的知识、形成的能力，而是从发展和提高的角度，对自己的知识、认识和能力进行不断完善。

所有学科的发展，最初几乎都显得非常幼稚，甚至很多观点简直幼稚得可笑。但正是从这种幼稚开始，一个严密的科学体系逐渐建立起来。具体到一个人，他最初产生的认识和能力在更高水平的人看来往往是幼稚的，但是所有高水平的人也是从幼稚开始发展。明白自己的认识存在发展的空间，也就是说，存在"幼稚"的一面，是进行自我更新的前提。

牛顿经典力学定律确立宏观世界的运动规律，不可谓不"完善"。到了20世纪初，物理学界甚至有人认为，物理学的大厦已经宣告接近尾声，20世纪的物理学家基本无事可做。但是，当居里夫妇发现镭以后，随着放射性物理研究的开始，人们发现物理学大厦远远不是要完工，而是恰恰相反，只不过才处于打地基的阶段。当爱因斯坦的相对论提出以后，量子力学理论开始建立起来，整个物理学大厦不过是把原来盖茅草屋的地基换成了钢筋混凝土的地基罢了。物理学大厦的落成典礼遥遥无期。20世纪的物理学家忙活了一个世纪，不知道的事情反而比知道的事情多了很多倍，他们不但没能享受无事可做的"清福"，反而更加忙得焦头烂额。

个体的发展规律与人类整体的发展规律，在认识发展上遵循完全相同的规律。所以，知道得越多的人，往往更谦虚——因为他觉得自己不知道的更多；而知道得少的人反而显得很骄傲，似乎无所不知——因为他不知道的和他知道的一样少。

自我更新要从实实在在的小事情做起。

为了一个伟大的目标踏踏实实地从最小的工作做起，才能不断自我更新，不断超越自己，实现梦想。

德国化学家维蒂希是1979年诺贝尔化学奖得主。他小时候曾说过要做总统的豪言壮语，老师鼓励了他的伟大目标，维蒂希受到老师表扬，一下子好像自己真的成了总统，妈妈让他浇花，他说那不是总统做的事。有一次化学课上，维蒂希偷看《名人传》被老师发现了，老师问他预备怎样实现自己的总统理想，他不知道如何回答。老师告诉他：一屋不扫何以扫天下，光有雄心壮志是不够的，还要从小事做起，慢慢地实现大理想。维蒂希想想自己的行为，觉得很羞愧。于是他开始从身边的小事一步步做起，终于取得一番成就。

自我更新不是虚妄的，而是要从实实在在的小事情做起。没有细小的事情打基础，再响亮的豪言壮语也没有用。

没有发展动力的人，即使有好的天分，有好的条件，也不一定能够获得良好的发展。

乔治·汤姆生的家庭条件非常优越，他的父亲约瑟夫·汤姆生是1906年诺贝尔物理学奖得主。他从小就受到良好家庭得天独厚的影响和熏陶，天资也很不错，但父母总觉得他身上缺乏一种令人鼓舞的力量，似乎没有什么发自内心的动力，也没有追求目标。

他14岁那年，父亲获得了诺贝尔物理学奖，但他对此似乎无动于衷。母亲觉得这是教育他的绝好时机，就把儿子叫到身边，郑重地说："乔治，你现在已经14岁了，是个小男子汉了，你爸爸14岁的时候已经读大学了，他现在已经成了大科学家。你爷爷14岁的时候，还是个摆书摊的。你不觉得应该向爸爸好好学习吗？"平时觉得无所谓的汤姆生，这次却待在了那里，他从来没有想过这些事情。母亲的话就像一道光，照亮他的眼睛。他低下头，为自己不思进取的行为感到惭愧。当他抬起头时，语气坚定地说："妈妈，您刚才说得对，我明白了，我以后一定不会让您失望。"

从此乔治·汤姆生刻苦学习，以优异的成绩从剑桥大学三一学院毕业，并于1937年获得了和父亲相同的荣耀——诺贝尔物理学奖。

生活条件优越的人，不一定能够发现自己条件的优越，相反却更可能在优越的环境中无法找到追求的动力和目标。而只有找到了动力，才可能持久地追求进步，持久地自我更新。

自以为是和举止轻浮是妨碍自我更新和提高的绊脚石。

1931年诺贝尔化学奖得主贝吉乌斯，小时候十分贪玩，连数学都考不及格，却总是在表妹面前吹嘘，说自己可以用树枝做奶酪、从石头里榨出油。贝吉乌斯的爸爸是一家化工厂的老板，觉得儿子总是做一些不三不四的事情，将来一定不会有所成就，就把他送到一所著名的大学去学习化学，好继承庞大的家业。

假期，贝吉乌斯得意忘形地回到家。看到美丽动人的表妹，萌发出炽热的爱慕之心，但表妹却说他太自以为是，不愿意嫁给他。贝吉乌斯感到万分羞愧，恨不得在地板上找一个洞钻进去。表妹的话总是在耳边回旋。他闭门不出，怀着失恋后的痛苦，在痛苦中回忆了自己走过的生活道路，想着妈妈殷切的目光和信任的话语，逐渐醒悟过来，深刻检讨自己的所作所为，把自己错误的行为和原因找出来，挂在书桌前。从此，他潜心专注于化学的学习，把表妹的忠告深深地埋藏在心底，化为决心与行动，一扫过去那种狂妄自大的恶习，变成一个沉默寡言、埋头苦干的青年，终于获得了成功。

一个自以为是的人，常常不知道自己是谁，不明白自己的缺点，当然也就不会想到要去提高、更新自己。

如何培养孩子不断自我更新呢？我有以下几点建议。

- **培养孩子开放的心态**。如果孩子对新信息拒之于千里之外，对自己了解不多的东西轻易拒绝，实际上是在封闭自己。所以，要培养孩子开放的心态，即要对一切新信息和新事物持有开放的心态。当然，父母要告诉孩子，对于它们当中的糟粕，要给予有力的反驳和批判，对它们当中先进和有价值的信息，也要充分、深入地理解、运用和认识。

- **培养孩子对新事物、新现象的敏感性**。能够敏感地发现新事物的不同之处，对于孩子的自我更新非常重要。这需要孩子有一双善于发现的眼睛和一颗善感的心，日常生活就是最好的来源。

- **让孩子多反思**。学会用一整套的方法反思自己的行为得失、自己的思想水平和境界层次，对于个人的自我更新意义重大。父母有必要提醒孩子，在反思的过程中要持客观的批判态度，不可以"敝帚自珍"，抱残守缺，对别人的评论和意见不屑一顾。

- **帮助孩子扩大视野**。自我更新不是毫无因由的。扩大自己的视野，是自我更新的更要源泉。有些人被见识所局限，常常以为自己觉得了不起的事情，别人也都会认为了不起，其实他们自以为了不起的事，可能往往都是尽人皆知的微不足道的小事。要进行自我更新，必然是因为有所发现，而要有所发现，必须帮助孩子扩大视野。

- **培养孩子虚心的品质**。虚心也是自我更新需要的重要素质。应当让孩子知道，重视别人的意见，主动纳言，对自我更新意义非凡。
- **引导孩子看轻荣誉**。永葆自我更新的激情，还要不为荣誉所累。如果孩子斤斤计较荣誉得失，很可能会停滞不前，成为躺在荣誉上面睡觉的人，迟早会落伍。

建议53：学以致用才是真学习

著名教育家陶行知曾说："行是知之始，知是行之成。行动是老子，知识是儿子，创造是孙子。有行动之勇敢，才有真知的收获。"培养孩子知行结合的好习惯，就是让孩子自己动手，在实践中观察和思考，以悟得新知；同时将习得的知识与具体的生活实践相联系，学以致用，活学活用。

知行结合的精髓，在于把间接的经验和知识还原为活的、有实用价值的知识。

这个还原的过程则需要有一双敏锐的眼睛和始终思考的心灵。一双敏锐的眼睛，让人们观察世界里的现象是什么样子；而始终思考的心灵，则让人们不断发现现象背后隐藏的规律。

诺贝尔物理奖获得者费曼在其著作《你干吗在乎别人怎么想》中讲述了他小时候的事：

一天，费曼在玩马车玩具。马车的车斗里有一个小球。费曼拉动马车时，注意到了小球的运动方式。他找到父亲，说："当我拉动马车的时候，小球往后走；而我把它停住的时候，小球往前滚。这是为什么？"

"因为运动的物质总是趋于保持运动，静止的东西总是趋于保持静止，除非你去推它。这种趋势就是惯性。但是，还没有人知道为什么是这样。"这其实是很深刻的理解，父亲并不只是给费曼一个名词。他接着说："如果从边上看，小车的后板摩擦着小球，摩擦开始的时候，小球相对于地面来说其实还是往前挪了一点，而不是向后走。"费曼跑回去把球又放在车上，从边上观察。果然，父亲没错。

理论上行得通的东西，在实践中做起来可能远比想象的复杂得多。"纸上得来终觉浅，绝知此事要躬行"，动手做一做，比单纯的"纸上谈兵"要来得更具体、更全面，也更直观。

对于技术性的工作，最优秀的往往不是学历高的人，而是有操作倾向、操作能力和操作经验的人。

这里讲一个广为流传的故事：

一天，发明家爱迪生把一只灯泡交给他的助手——普林斯顿大学数学系毕业生阿普顿，要他算出玻璃灯泡的容积。阿普顿拿着灯泡琢磨了好长时间，用尺子对灯泡上下左右量了一阵，又在纸上画了好多的草图，写满了各种尺寸，列了许多道算式，算来算去还没有算出结果。爱迪生见他算得满头大汗，在灯泡里倒满了水递给阿普顿说："把这些水倒进量杯里，看一看它的体积，就是灯泡的容积了。"阿普顿恍然大悟，很快就测出了灯泡的容积。

很多人对自己没有信心，认为自己这也不行，那也不行，肯定什么也做不好。其实，有些问题貌似复杂，其实做起来并不太难。对于真正复杂的问题，不可能一蹴而就，如果浅尝辄止，只能加重自己的失败意识，更加没有信心。所以，多做，就会发现自己能做的事情很多；少做，就会发现自己能做的事情很少。

王能智老师带领学生进行创新性学习就充分说明了这一点：

1981年，王能智调到石景山古城中学时已经39岁。当时，很多地理老师都严格按照中学地理教材照本宣科地讲授知识，可王能智并不这样，他先针对课程内容，提出几个问题，让学生自己通过自学给予回答。

比如，在学习黄土高原这一课时，他只给出一个问题：黄土高原怎么改造？

"让我们说黄土高原怎么改造？"学生问。

"是呀，为什么你们不能考虑？"

学生要解答问题就必须认真去看，去分析，去使用书里的材料，甚至还要去采访。王能智又让学生自由组合成一个个学习小组，然后分头准备，每个组都可以提出自认为最好的"解决方案"，看谁的方案更好。

通过让学生通过各种方式自己找答案，让他们从原本晦涩的知识灌输中跳了出来，不仅把课本知识学得更扎实，而且还提出了许多课本上所没有的大胆而新颖实用的方法，这是拘泥于教材窠臼的老师始料未及的。

不仅如此，王能智老师还带领学生到大自然中去，比如到石景山上勘探古井、绘画街道规划图等，在这些活动中，学生们兴趣盎然，学到了许多知识，还制作出许多意想不到的好作品。

是的，只要有自由的时间和机会去学，并且满怀热情去做，人的潜力就会被发现并挖掘出来，对孩子的教育指导也应如此。

如何培养孩子知行合一呢？我有以下几点建议。

- **鼓励孩子经常观察和思考**。观察和思考是一切智慧的源泉。现象和规律都客观地存在着，就像苹果园里的苹果年年都会往下掉，被砸中的人不计其数，可是只有牛顿发现了万有引力定律。这就是观察和思考的效果。几乎所有的发现都来源于细心的观察和思考。

- **让孩子自己动手**。"做"是这一习惯的核心，所以需要让孩子自己不断动手去做实验，验证自己提出的想法和观点。除了实验，"玩"也是"做"的重要方式之一。要鼓励孩子探索性地玩，凡事想弄个究竟，想玩出点花样。对于动手操作来说，最终总结出其中蕴含的知识非常重要。

- **鼓励孩子将习得的知识和具体生活实践相联系**。比如让孩子记住平时学到的知识，较好地运用于解答具体题目中；把学到的知识与日常生活中的现象联系起来；尝试设计家用的局部电路；运用学习的知识进行小发明创造；把生活中有些不太方便的事情，试着想办法使之变得方便，等等。

建议54：让孩子自己设立目标

目标是一个人想要达到的境地或标准，没有目标的努力是没有实际价值的，而没有目标的指引，孩子的潜能将无法释放。所以指导孩子进行自我教育，应当从目标的确定开始。

失去目标或者看不到目标，常会让人们付出的努力白白浪费。

1952年7月4日，加利福尼亚海岸笼罩在浓雾中。在海岸以西34千米的卡塔林纳岛上，34岁的费罗伦丝·查德威克涉水到太平洋中，开始向加州海岸游去。要是成功了，她就是世界上第一个游过这个海峡的妇女，在此之前，她是从英法两边海岸游过英吉利海峡的第一个妇女。

那天早晨，海水冻得她身体发麻，雾很大，她连护送她的船只都几乎看不到。时间一个钟头一个钟头过去，千千万万人在电视上看着她。有几次，鲨鱼靠近了她，被人开枪吓跑，她依然在游。在以往这类渡海游泳中，她的最大问题不是疲劳，而是冰冷刺骨的水温。

15个钟头之后，她叫人拉她上船。母亲和教练在另一条船上告诉她海岸很近了，叫她不要放弃。但她除了浓雾什么也看不到。几十分钟之后，人们把她拉上船。人们拉她上船的地点，离加州海岸仅有800米！

后来她说，令她半途而废的不是疲劳，也不是寒冷，而是因为她在浓雾中看不到目标。她的话是有根据的：查德威克小姐一生中只有这一次没有坚持到底。2个月之后，她成功地游过同一个海峡，而且比男子的纪录还快了大约2个钟头。

出发以前，要有目标。没有目标的前进是茫然无向的，只会浪费时间，徒劳无益。

心中有目标，看着目标走，可以让人们少走很多弯路。

我们先看看下面这个大人与小孩比赛的故事：

有一个大人带着一个小孩，在雪地里走着。他们前面有一棵大树。大人说：

"孩子，咱们来比赛好吗？""比什么呢？"孩子问。"看谁能够先到达那棵大树，而且要走出一条直线。"孩子说："好！"比赛开始了。大人向大树方向大步流星地走去。孩子则低着头看着自己的脚尖，努力使自己每一步都是直的，过一会儿看看大树，免得自己的方向不正确。等孩子来到大树下时，大人等在那里，微笑着说："看看你的脚印，它们多么曲折啊！"孩子回头一看，果然如此。他心里充满了疑惑，自己那么小心，而且似乎每一步都是直的，为什么还走出来那么多的曲折呢？原因就在于，他只顾低头看自己的脚，而没有抬头看着目标——那棵大树前行。

其实，在生活、工作、学习中也是如此。我们所做的很多努力，看起来和别人一样，却常常有很大的区别，关键就在于我们心中是否有目标的存在，我们能不能看着目标前进。

忘记目标，就会中途停顿，走上岔路，放弃原先的追求。

有个老师给学生讲了一个故事：有三只猎狗追一只土拨鼠，土拨鼠钻进了一个树洞。这个树洞只有一个出口，可不一会儿，居然从树洞里钻出一只兔子，兔子飞快地向前跑，并爬上另一棵大树。兔子在树上，仓皇中没站稳，掉了下来，砸晕了正仰头看的三只猎狗，最后，兔子终于逃脱了。

故事讲完后，老师问："这个故事有什么问题吗？"

学生说："兔子不会爬树。"

"一只兔子不可能同时砸晕三只猎狗。"

"还有呢？"老师继续问。直到学生再也找不出问题了，老师才说："可是还有一个问题，你们都没有提到，土拨鼠哪去了？"

土拨鼠哪去了？老师的一句话，一下子将我们的思路拉到猎狗追寻的目标——土拨鼠。因为兔子的突然冒出，让学生的思路在不知不觉中打岔，土拨鼠竟在学生头脑中自然消失。在追求人生目标的过程中，我们有时也会被途中的细枝末节和一些毫无意义的琐事分散精力，扰乱视线，以致中途停顿下来，或是走上岔路，而放弃了自己原先追求的目标。

"我们最大的敌人，不是别人，正是我们自己。"认清竞争对手，对发展良性竞争至关重要。

我们先看看一个故事：

古代有个国王要学驾马车，就找来给他驾马的车夫。那个车夫是全国驾驶马车技术最好的人。国王学了一段时间，车夫说："您的技术已经非常好了。"国王说："那我们比赛一场，看看现在谁的技术更好吧。"于是，国王和车夫两个人各自驾着马车来到比赛地点，比赛开始的旗子一挥，两辆马车同时像箭一样飞驶出去。一路上，国王的马车紧随着车夫的车，距离非常近。但是国王试了好几次就是无法超过车夫的车。到终点的时候国王不仅没能超过车夫，反而由开始的并行，到后来落下了很长一段路。国王说："你没有把驾车的全部技术都教给我。"车夫说："其实您已经学会了我的全部技术。"国王问："那为什么我还是没有你快呢？"车夫说："在比赛的过程中，您一直在盯着我的车，是吗？"国王说："是啊！"车夫说："这就是原因所在了。您没有专心地看着自己的马车，鞭策马快跑，却一直在看着我的马车，怎么能超过我呢？"

这个故事，就是告诉我们，只有时刻关注自己的状态，才能全心全意地发挥出自己的力量，如果总把视线放在别人身上，是不会对自己有帮助的。

一个有效的目标必须是具体的、可以量化的、能够实现的、注重效果的、有时间期限的。

以上条件必须同时具备，否则就不是目标。其中最重要的是量化和时间限制。量化是指可以使用精确的数字来描述，即使不能用数字描述，也必须进一步分解，然后再用数字来描述。时间限制是指必须在限制时间内完成。

不能量化又没有时间限制的目标是无效的，很容易成为空头支票，没有任何意义。有效的目标不是最有价值的那个，而是最有可能实现的那个。

有一个广为流传的例子：

贝尔纳是法国著名的作家，一生创作了大量的小说和剧本，在法国影剧史上占有重要的地位，可以说是法国文学史上的里程碑人物。有一次，法国一家报纸进行了一次有奖智力竞赛，其中有这样一个题目：如果法国最大的博物馆卢浮宫失火了，情况紧急，只允许抢救出一幅画，请问你会抢哪一幅？结果在该报纸收到的成千上万个回答中，贝尔纳以最佳答案获得该题的奖金，他的回答是："我抢救离出口最近的那幅画！"

一个人有了目标，就有了动力，有了责任，有了勇气。如果没有追求的目标，就会变得无聊、孤独甚至彷徨不知所措。

一个人没有远期目标，就会变得没有气势；没有中期目标，就会没有精神；没有短期目标，就会变得不勤。有人列出了这样一个公式，就是：目标＝目标高度×达到的可能性。目标低了，不感兴趣；目标高了，达到的可能性就小，就会失去信心。

德国总理施罗德小时候说，将来自己要做德国总理，最终他也确实成了德国总理。不过给自己定一个伟大的目标也许并不太难，最终能够实现的人却不多。因为所有的目标都要从头开始，从小事做起才可能实现。

处于黑暗中的人，更需要目标的照耀。如果你放弃了，将一事无成；如果稍微努力了，没有成功你就放弃了，也将一事无成；如果你从头到尾都努力了，即使没有达到预定的目标，也可以心安理得。一般情况下，努力总会得到回报，只要你不放弃，成功就不会离你太远。

目标的根本意义是确定奋斗的方向，而在实际的学习生活中，目标的意义就具体化为自我评价或者评价。

任何一个人通过一段时间的努力，都可以使自己的思想和行为水平迈上一个新的台阶，达到一个新的稳定水平。

量变的积累一定会出现质变，这是客观规律，这就是人的发展处于螺旋式上升的态势。螺旋式上升的态势要求把人的远大目标和"小"、"近"、"实"的阶段性目标结合起来。人类发展的历史，就是既有远大美好的愿望，又有适当高于自身水平的目标进行激励，最终求得目标逐步实现的过程。

如何让孩子自己设立目标呢？我有以下几点建议。

- **帮助孩子明确目标的重要性。**不需要讲大道理，一些活生生的事实更易让孩子从中获得启发和教益。

- **指导孩子设立合理的目标。**通常而言，目标的设立有三种常见方法。

  - 阶梯法，就是将目标细化为若干个阶梯，并且使用明确的语言对不同阶梯的内容进行描述，这样孩子在不同时间、不同空间都能明确自己的现实位置以及下一个目标的状态，一个一个逐级向上迈进，最终达到总的目标。

  - 枝杈法，树干代表大目标，每一个小树枝代表小目标，叶子代表即时的目标，或者说是现在马上要做的事情。

  - 剥笋法，实现目标的过程是由现在到将来，从低级到高级，由小目标到大目标，一步一步前进的。但是设定目标的方法则与实现目标的方法相反，由将来到现在，由大目标到小目标，由高级到低级层层分解。

- **适时激励孩子为目标而努力。**有目标只是开始，关键是要孩子自己去努力。没有达成的目标始终空洞无力。对孩子来说，坚持是很重要的。父母如果发现孩子有畏难情绪，有必要提醒孩子、激励孩子为自己的目标而奋斗。

建议55：给孩子自己做计划的机会

计划，就是对自己要做的事情、要达到的目标有具体的时间规定，有准备、有措施、有安排、有步骤。

大到一生的目标追求，小到身边的细枝末节，计划都是不可缺少的。做事有计划，不仅能帮助我们有条不紊地照料自己的生活，也能帮助我们更好地学习和处理各种事情。有计划不仅是一种习惯，更反映一种态度，是能否把事情做好的重要因素。

自我教育理念中最关键的就是给孩子自己设立计划自己去实现的机会。

著名生物学家赫胥黎曾经说过："时间最不偏私，给任何人都是一天二十四小时。时间也最偏私，给任何人都不是二十四小时。"鲁迅先生说："时间，每天得到的都是24小时，可是一天的时间给勤勉的人带来智慧和力量，给懒散的人只能留下一片悔恨。"

大凡有成就的科学家和伟人，都不会虚度年华，他们珍惜生命的每一分钟。而不少人在日常生活的细节中，常常发现不了时间的存在，没有时间的概念，他们眼中的半个小时不过是一段很短的时间，浪费一天也没有什么关系。

天津社科院关颖研究员描述过一件事：

有一天，已经是晚上9点钟了，我那上小学三年级的孩子仍然在做作业。我随口问了一句："学校留的作业很多吗？"孩子的父亲说："哪里呀，根本就不多，这孩子每天吃过饭就摆开摊儿写作业，一边写一边玩，还什么事儿都掺和。不到晚上10点他的作业都写不完。"我对孩子说："你会看表吗？"孩子大声说："没问题！"我说："那好，从现在开始，你自己掐表，看看完成剩下的作业到底需要多少时间？"孩子一下子来了精神，认认真真地写起了作业。没多大工夫，孩子就拿着两个作业本跑来报功："9分钟，才用了9分钟！"看着写得很工整的作业，孩子的父亲惊讶了。9分钟与一个多小时，这是多大的差距啊！

凡事有计划，遇到事情才会冷静地思考，作出合理的安排，而不是想到哪里就做到哪里。

很多孩子自己做好了计划却总是没能按时完成，常常把当天要做的事情推到第二天去做，还在心里安慰自己：还有明天呢！可是，如果总是不能完成计划安排的内容，一天拖一天，岂不是永远都做不完了吗？

《播撒诚信的种子》中记录了张海迪小时候的故事：

张海迪是著名的作家。她在5岁时得了脊髓血管瘤，造成高位瘫痪，成了残疾儿童。每当她看到窗外上学的小孩，都非常羡慕他们，因为她也想上学。张海迪虽然不能去学校读书，但她的爸爸妈妈利用下班的时间亲自教她。有时，张海迪实在感到疼痛和疲倦，连作业都无法完成，她就对妈妈说："妈妈，这些作业明天再做，行吗？"妈妈却郑重地说："今日事今日毕。"听了妈妈的话，张海迪明白了，她和其他孩子一样要完成作业，不能拖拉。她还给自己制订了计划，要是完不成当天的作业就不睡觉。

就这样，她把小学、中学的课程全部学完，还自学英语、日语、德语等语言。并攻读完大学本科和硕士研究生的课程。她还写了《向天空敞开窗口》《生命的追问》《轮椅上的梦》等著作。

今日事今日毕，拖到明天有什么用呢？明天又要拖到后天，长此以往，只能永远也做不完。

从宏观的角度来看，对自己人生有计划，并坚持执行计划，才能获得一生的成功；否则，只能是毫无目的的尝试，做什么都不会有成绩。

《之江文学》曾载过《鲁班示斧教子》的文章，说的就是鲁班要求儿子依计划坚持不懈地努力的故事：

鲁班是我国古代著名的建筑工匠、创造发明家。他有一个儿子，很聪明，就是不爱干活。儿子15岁时，鲁班觉得应该教他掌握谋生的本领了。

第一年，儿子说想种田，但只干一年就回来了，说种田太累；第二年，儿子想学织布，只干一年又不干了，说织布太忙；第三年，儿子说想当木匠，又只干一年就不干了，说师傅太严太狠，活儿太苦。

鲁班严肃地告诉儿子，不严、不苦、不狠，就不能学到手艺。他从屋顶棚上取出一箱子他使用过的斧子，每把斧子的把都磨出深深的凹疤，斧刃都磨平了。鲁班对儿子说，要学到手艺，就得刻苦地练，不下苦功夫，什么也学不成。他拿出三把新斧子，郑重地递给儿子。儿子提着三把斧子，又回到师傅那里。通过勤学苦练，他也成为一名著名的工匠，掌握了谋生的本领。

从微观的角度来看，计划可以让自己把各种事情安排得比较合理，以避免冲突，做到劳逸结合，张弛有度。

学生的主要任务是学习。而学习要得心应手，就需要良好的计划。计划包括每天的时间安排、考试复习安排和双休日、寒暑假安排。计划要简明，即要计划什么时间干什么，达到什么要求。

从时间段看，首先要有每天的计划安排。星期一至星期五除了上课之外，要把早自习和放学回家以后的时间安排好。早自习可以安排背诵、记忆基础知识、预习等内容，放学回家主要是复习、做作业和预习，当然也应该有玩的时间和劳动的时间。周六和周日应安排小结性复习、做作业以及参加课外兴趣活动。内容不可排得太满，否则影响效果。寒暑假时间较长，除了完成假期作业之外，要安排较多的课外阅读和较多的文体活动。如果有的学科学习吃力，应利用假期补习一两门功课。

设定目标，按照计划，有条不紊，可以将一个人的心态调整到最佳位置。不断"完成"，形成习惯，可以增强自信，激发学习潜能。

如何帮助孩子做计划呢？我有以下几点建议。

- **帮孩子形成时间的紧迫感**。要让孩子养成做事有计划的习惯，首先要让孩子形成时间的紧迫感总觉得还有明天。越是有时间的紧迫感，越能珍惜生命，越不会虚度年华。

- **教孩子学会运用和把握时间，学会制订时间规划**。在时间规划里，先要保证日常的基本需要，其次才是对事情的安排。在安排时间的时候，要留有一定的余地，同时要注意紧凑。对计划执行情况，要不断总结，以此进行自我监督和评价。

  一个好的学习计划，首先要保证睡眠。有了充足的睡眠，才能保证身体的正常发育，才能为学习提供充沛的精力和清醒的头脑。无论如何，要保证小学生每天10个小时的睡眠时间，初中生9个小时的睡眠时间，高中生8个小时以上的睡眠时间。

- 在订立计划时，要确定每天的"专门时间"和"自由时间"，既规定"学习时间"和"游戏时间"，也要留出一定的"自由支配时间"。所谓自由支配时间，是指完全由自己自主进行选择，做些自己感兴趣的事情。这样可以使自己的时间安排有弹性，能够适应突发重要事情的临时需要。

- **计划一旦确定下来就要严格执行**。计划制订完了，必须执行，不能放在一边不管。计划可以调整，但必须完成，有"完成"意识，不可轻易放弃。"完成"是一种意识，"完"就是按照计划在自己规定的时间内打上一个句号，善始善终；而"成"就是高质量高效率地做成功了，也就是努力追求"干得漂亮"。我们通常所说的"今日事，今日毕"，实际上就是"完成意识"的集中体现。形成行为上的"完成意识"，则是学会运用计划的一个重要能力。前面的计划执行不好，很可能影响后面的事情，这样一来，就很可能受到时间的惩罚，而且计划本身也失去了意义。

- **每日小结**。让孩子学会"一日三省"是很必要的环节。因为反省容易让自己发现计划执行是否有遗漏，清楚自己的得失，总结经验教训。

  小结的方法有很多种，这里介绍两种：一是睡前十分钟小结。结束了一天的生活，躺下来静静地想一想：今天做了什么？是否完成了阶段计划的目标？今天有进步吗？有什么特别的体会呢？明天还要继续坚持吗……二是写日记进行小结。把计划制定、实施情况、心得体会都详细地记录下来。

- **劳逸结合，有张有弛**。一口吃不成个胖子，做好一件事情也需要一步一步地来。一个好的计划，应该是劳逸结合、有张有弛。时间安排得太满，会使孩子长时间处于紧张状态，得不到放松，久了只会积蓄压力。时间安排得太松，又会使人懒散。

  张弛有度的节奏能帮助孩子更有效率地达到目标。所以我们帮助孩子制订计划的时候，心不能太急，一定要让孩子根据自己的实际情况确立节奏，如果在实施的过程中觉得不是很妥当，还可以根据实际的进程进行调整。

第9章
厌学是世界上最大的难题

建议56：捕捉孩子的兴趣所在

兴趣是孩子提高智力的沃土。瑞士心理学家皮亚杰曾经说过："所有智力方面的工作都要依赖于兴趣。"孩子的学习也是如此。很多孩子之所以不爱学习，多数并不是因为智商问题，而是由于对学习内容或参与学习活动缺乏兴趣。没有兴趣，就很难高高兴兴地学，也难有好的效果。有的孩子看起来对什么都不感兴趣，只是表面现象，很可能是因为尚未发现真正感兴趣的东西。

因此，父母要想因材施教，首要任务就是捕捉孩子的兴趣所在。

首先要了解孩子的实际情况。这一点尤为关键。

很多成年人常常不假思索地主观假定孩子和自己完全一样，对孩子的实际情况视而不见，不自觉地按照自己的想法来塑造孩子。

毋庸置疑，这样做的出发点是很好的，但可能适得其反。因为每个孩子都不一样，他们绝对不是父母的附属品。不尊重孩子、不了解孩子，孩子的兴趣很容易被埋没，这也往往使得父母希望越大，失望也越大。

中国南北朝时期杰出的大数学家祖冲之就曾险遭埋没：

祖冲之五六岁时，父亲祖朔之就逼着他学经书。但他对背经书没有任何兴趣，九岁时仍然背不上来几句。父亲对儿子非常失望，越教越生气，手里拿着一根木尺，经常把桌子敲得噼噼啪啪响，急起来甚至狠打他。这让祖冲之变得有些呆头呆脑。幸好爷爷祖昌发现了祖冲之对天文的兴趣，着重在这方面培养他，才使得他摆脱了背经书的噩梦，最终成为一名著名的科学家。如果按照父亲设计的方向发展，祖冲之在天文历法方面的才能很可能湮没一生。

而1989年诺贝尔物理学奖获得者拉姆齐的经历同样值得人们思考：

拉姆齐的母亲喜爱艺术，全家迁居巴黎之后，她很想培养拉姆齐的艺术兴趣，计划每月带他参观两次卢浮宫。但拉姆齐对欣赏艺术毫无兴趣，这让她大失所望。

后来，她又带着拉姆齐参观其他的博物馆，发现他对科技博物馆的展品特别感兴趣。于是把原来的计划变成了每月参观两次科技博物馆。多年之后，拉姆齐回忆起童年在巴黎的经历时，对艺术大师们的作品早已毫无印象，甚至不能肯定是否参观过卢浮宫，但是对博物馆里的一艘军舰却记忆犹新。可以想象，如果当初母亲没有及时发现他的兴趣所在，1989年诺贝尔物理学奖的获得者很可能另有其人。

有一句俗语叫"吃草的骆驼莫喂肉"，是说虽然肉的味道鲜美，但骆驼是吃草的，给它喂草它才会高兴。父母教育孩子也是一样的道理。

要想捕捉孩子的兴趣所在，没有父母的细心观察是不行的。

每个孩子都是未经雕琢的璞玉，需要父母细心发现，精心雕琢，才能大放异彩。找错方向，用错方法，很可能带来毁灭性的后果。

能否捕捉到孩子兴趣的中心，直接决定着"璞玉"的命运。在我主编的《怎样教会孩子学习》一书中，有一则故事：

麦克斯韦是19世纪英国著名数学家、物理学家，他成为科学家与父母的精心观察很有关系。一次，父亲让他画静物写生，交卷时，他把菊花画成了几何图形，不是三角就是圆圈，或是梯形。父亲又进一步观察，发现他对数学很感兴趣，于是就开始教他几何学和代数。麦克斯韦果然很快在数学上表现出惊人的才华，15岁时写出的论文就使教授们惊叹不已，最终发展成为与牛顿齐名的科学家。

麦克斯韦的父亲显然很懂得观察孩子的兴趣。"直木适做梁，弯木适做犁。"父母的任务就是仔细观察，看孩子是哪一种"木"，帮助孩子找到兴趣所在，帮助他集中精力，抓住中心兴趣多下功夫，以便成为这方面的专才。

那么，哪些细节能帮助我们捕捉孩子的兴趣呢？

一是注意孩子的疑问。他们问得最多的问题常常是其兴趣所在。

二是注意孩子与父母的活动。与孩子活动时，父母能近距离地观察孩子更喜欢做什么、更擅长做什么。

三是注意孩子的劳动成果。比如他们的手工作业、美术作业就常常能表现出其兴趣。

如果父母平常与孩子的交流较少，又急于了解孩子的兴趣所在，向孩子的老师寻求帮助也是一个不错的方法。

没有兴趣，就不会有真正的乐趣。兴趣会使孩子爱学习、会学习。如果孩子们接触到的是自己感兴趣的学习内容或活动，态度就会更积极，心情就会更愉快，思维也就更活跃，也才会有真正的学习。

如何才能更好地捕捉到孩子的兴趣所在呢？我有以下几点建议。

- **了解孩子的想法**。孩子在想什么？孩子最喜欢做什么？孩子不喜欢什么？在做与孩子有关的决定前，父母应该问问自己这些问题。随着年龄的增长，孩子的自我意识越来越强，开始真正知道自己喜欢什么、不喜欢什么。如果父母总是按照自己的希望来培养孩子，无视孩子的想法，孩子的内心只会不快乐、不自信，对其成长很不利。

- **做善于观察的有心人**。父母只要稍微细心些，就能找到孩子的兴趣点。下列情况可能表明孩子的兴趣所在：对某一方面的知识总是有无穷的疑问；很认真地听取某一方面知识的讲座；特别愿意谈论某一方面的问题；主动参加某项观察或活动；专心于某种类型的实验；常常选购某一类的书籍；特别珍惜某些物品等。

- **承认差异的存在**。天才不是打出来的，孩子的兴趣也不是逼出来的。有的父母总拿别人的孩子与自己的孩子来比，总觉得人家的孩子喜欢学习，自己的孩子不喜欢就比别人差，或者别人的孩子数学好，自己的孩子怎能差？这样的思维方式，就是忽略了人与人之间的差异。看不到差异，自然也就看不到孩子的天性，看不到孩子的兴趣和爱好，也就难以因材施教。

建议57：发现孩子的最佳才能区

很多父母和老师喜欢用学习成绩来衡量一个孩子的发展前途，这种做法并不科学。

按照哈佛大学心理学教授霍华德·加德纳的"多元智能理论"，人类的智能是多元化的，每个人都至少拥有八种智能。正如一个体育好的孩子数学成绩不好，但我们不能因为他数学成绩差就否定他的其他智能。

多元智能理论要求父母善于发现孩子的最佳才能区，因势利导，因材施教。

父母都希望孩子成材，所以在教育过程中，总是把自己认为最好的一套方法强加到孩子身上。有的父母不惜花重金让孩子学钢琴、练绘画，但孩子往往兴趣不高，甚至产生厌烦的情绪，原因就是父母没有找到孩子的最佳智能区。

舟舟就是一个典型，他的故事众所周知。

舟舟指挥了很多场重大的音乐演出，但是他的智商只有常人的百分之三十，在医学界被称为不可逆转的先天愚昧型。面对这样的孩子，父母寄予孩子的全部希望都破灭了。但是他的父亲发现，每当音乐响起的时候，舟舟都表现得特别安静。乐手们问舟舟想不想指挥演奏。"想。"舟舟脱口而出，他不声不响地走上指挥台，拿起指挥棒。在音乐声中，舟舟就是一个正常的指挥家。从那以后，他的音乐天赋显现出来，虽然他的智商仅相当于一个三岁儿童，但是他对音乐的理解却是一般人很难达到的。

孩子因为某一方面智能不高而导致其他智能被全盘否定的例子，在现实生活中屡见不鲜。这种片面的认识阻碍着儿童的健康成长。父母应该树立科学的教育观，用科学的教育理论来衡量孩子。按照多元智能理论，只要孩子的一种智慧能得到发展、发挥，他就可以成为天才。既然如此，就没有必要逼孩子在父母觉得好实际却不合适的道路了。

认识孩子的多元智能，就要尊重孩子的成长规律，对孩子有正确的认识。

孩子的成长有一定的规律，其过程和速度因每个孩子各有特点而有所区别。速度上有快有慢，同样是六岁的孩子，有的已经具备了八岁孩子的某种学习能力，有的仍然落在四岁阶段，有的孩子则没有什么突出的优点，但各个方面比较平均；能力上各有典型，有的擅长抽象学理，有的具有丰富的想象力，有的具有语言表达天赋，有的在运动领域十分突出等。

由于成长速度不一样，针对这些情况，父母不用过于心急和担心，要努力找到孩子的最佳智能，尔后因材施教。

爱因斯坦、牛顿、爱迪生他们在小的时候都被认为是怪孩子，因为他们不仅比普通孩子说话晚，在学习上也是一团糟。但他们的父母没有放弃，而是找到了他们的最佳智能区，帮助他们在科学领域取得了辉煌的成功。

找到孩子的最佳智能区，让孩子的最佳智能得到发展，对孩子其他智能的发展也有促进作用，还能激发孩子的学习兴趣。这不仅可以使家庭教育变得轻松，还能使孩子由原来的被动学习变成主动学习，增加学习的积极性。

如何找到孩子多元智能中的最佳才能区呢？我有以下几点建议。

- **了解孩子。**为了准确地找到孩子的最佳智能区，父母应该多方面了解孩子，搜集信息，分析孩子的情况，观察孩子的兴趣，找到孩子的最佳智能区。

- **不用自己孩子的短处去比别人孩子的长处。**很多父母喜欢这样说：你怎么不如某某学习好呢？你听某某的嘴多甜，你怎么就不会说话呢……这样的话最容易伤害孩子的自尊心。每个人都有多个智能区，每个孩子的发展都不一样，要多发现自己孩子身上的闪光点，为孩子的最佳智能区而骄傲。

- **多鼓励，少批评。**孩子的心灵十分脆弱，父母或老师无意中的一句批评可能给孩子造成极大的伤害，甚至让孩子怀疑自己是不是一无是处。父母要多鼓励孩子，不要因为孩子的一次失败或是在不擅长的领域里没取得理想成绩就批评孩子。

- **让孩子知道通向成功的道路不止一条。**有很多父母把升学考试当成了孩子成功的唯一途径，这是不对的。"条条大路通罗马"，只要找到孩子的最佳智能区，每个孩子都会取得成功。

建议58：由浅入深引导孩子热爱学习

　　找到了孩子的兴趣所在，才能所在，接下来就是，一定要遵循循序渐进、由浅入深的原则。这样孩子才能一步一个台阶，拾级而上，不断前进。

　　孩子对事物认知的过程也是一个由浅入深的过程。在孩子年龄较小、逻辑思维等多种能力还没有形成时，如果教给孩子的知识过难、过多，他们就很难在学习中得到乐趣。

　　不遵循这一原则，常常会产生令人遗憾的结局：

　　一位心理学家对某重点高中特长班里的三十名神童进行了跟踪调查，发现这些智商超常的孩子，并没有像人们想象的那样在今后的生活中取得辉煌的成果，相反，有很多孩子在上大学时就渐渐走向平庸，甚至还有很多孩子出现了很严重的心理问题。

　　是什么原因导致这些超常儿童走向平庸呢？调查发现，这些孩子在小的时候，就表现出较高的智商，父母就开始对孩子进行深层次的教育，有些孩子在三四岁的时候就被父母逼迫着学习完了小学的课程。可是这些父母忽略了一点，就是智力再超常的孩子，他也具有儿童的特点，他也需要游戏和伙伴，繁重的自学课程让这些孩子根本就没有体会到童年的乐趣，在知识中探索的兴趣也如昙花一现一般很快就消失了。

　　由此可见，即使是智商超常的孩子，也要遵循正确的教育方法，才能最大限度地调动孩子的潜能。否则，"揠苗助长"的悲剧还会再次出现在孩子们身上。

　　循序渐进、由浅入深会让孩子不断感受成功，产生学习的动力。

　　孩子只有在学习中感受到了成功的快乐，才会愿意再次拼搏。这是因为成功而产生的动力，而这种动力是不容我们小看的。《怎样教会孩子学习》一书中，有一位父亲是这样做的：

孩子在英语考试中，只考了30分，父亲没有像其他孩子的父母那样暴跳如雷，而是对孩子说："我知道你是有潜力的，只要你努力，能考取40分我就给你奖励。"孩子说："40分，不及格还奖励？"父亲说："可是你进步了10分，这是很不容易的。"经过孩子的努力，果然考取了43分，家长如约给了孩子奖励，并提出下次考50分的目标。孩子由于品尝到了成功的喜悦，信心更足了。经过半年的努力，现在孩子已经跟上了全班的步伐，对英语的恐惧心理也消失了。

这位父亲没有给孩子制定一个难以逾越的目标，而是采用了循序渐进的方法。如果他在看到孩子30分的考卷后暴跳如雷，要求孩子下次考试一定要达到80分，其结果是可想而知的。

教育是一个漫长的过程，父母需要循序渐进、由浅入深地引导孩子进入兴趣区，这样孩子才能在成功中一步一个脚印地成长起来。

如何由浅入深引导孩子热爱学习呢？我有以下几点建议。

- **制定的目标要合理**。给孩子制定目标有一定的学问，目标太简单，孩子不经过努力就可以轻易达到，孩子就体会不到战胜困难的乐趣，目标太难孩子就很难得到成功。因此制定目标要让孩子"跳起来够一够"。而制定这样目标的前提是充分了解自己的孩子，掌握孩子的学习水平。

- **多鼓励少批评**。即使遵循循序渐进、由浅入深的原则，孩子在学习中也难免会出现错误，切记，此时不要对孩子批评或挖苦。要多进行鼓励和肯定，让孩子知道自己离成功已经很近了，只要再加一把劲就可以达到目标。

- **心态要平和**。教育有一个过程父母的心态一定要平和，不要用过高的标准来要求孩子，要看到孩子身上哪怕是微小的进步。

建议59：伙伴学习，多方受益

　　"独学而无友，则孤陋而寡闻。盖须切磋，相起明也。"这段话表明，学习需要有伙伴，单独学习有碍长远进步。现在孩子的学习也是如此，如果让孩子长时间一个人学习，他很快就会失去兴趣，因为过于孤单、沉闷，遇到问题无人讨论和请教，很容易厌烦。所以，父母不妨帮孩子找学习伙伴，让孩子从中受益。

　　学习好的孩子找的同伴不如自己，不一定会有不好的影响，反而让双方甚至多方受益。

　　有些父母可能会担心，学习是需要安静环境的，两个人一起学习，玩玩笑笑的，能学习好吗？如果自己的孩子学习好，找的同伴不如自己的孩子，会不会对自己的孩子造成不好的影响啊？

　　美国华盛顿大学的心理学教授们做了一个试验，他们从学生中选择成绩差的和成绩好的两个人分成一组，座位也在一起，同时学同样的课程，目的是让学生互相帮助，并告诉他们最后的成绩以两人的平均分数计算。实验结果是所有分组同学的成绩都比以前有了显著的提高，这个实验告诉我们，由于同学间的互相激励和帮助，不仅差生的成绩大幅度提高，好学生的成绩也能更上一层楼。

　　这个实验证明，学习好的孩子同学习不好的孩子一起学习时，学习成绩不仅没有下降，相反还有了大幅度的提高。这是因为，当他们帮助学习差的同伴时是以一种教师的身份出现，这种体验会增强他的自信心。为了把问题讲清楚，这些学习好的孩子就要更深入地学懂、学透，否则就不能给别人讲明白，因此他们学习更为努力。所以学习好的与学习差的组成同伴学习，会是一种双赢的局面。

　　帮孩子找个学习伙伴，能多方面促进孩子的成长。

　　第一，对孩子可以起到一定的约束作用。

孩子一个人学习，可能会磨磨蹭蹭、心不在焉，但是，给他找一个学习的伙伴就好像给他找来了一个参照物。两个孩子会相互比较，有比较就会有竞争，两个孩子一起学习就形成了一种小的竞争环境，谁也不愿落在后面，谁都会自觉克服自身的毛病。

第二，可以激发孩子的求知欲。

在学习中，孩子会经常遇到自己不会的问题，在单独学习时，孩子很可能思考一下就放弃了，之后也不一定会去向别人请教，所以问题经常得不到解决。可是两个人一起学习就不同了，遇到不会的问题可以马上有人讲解，如果两个人都不会还可以一起去寻找解决的办法，如果还是解决不了，之后也会互相提醒着去问老师。这样就会使孩子慢慢形成探求知识的欲望，产生学习的兴趣。

第三，可以缓解疲劳，增强趣味性。

两个孩子在一起学习，肯定不会各干各的或者一言不发。当学习的疲劳期出现时，两个孩子会进行一些轻松的交谈，这样便可以很快缓解学习的疲劳。

在很多学校，老师会根据学生的特点把孩子们分成几个小组来一起学习。在这个由几个孩子组成的学习团队中，教师发现孩子们不容易产生疲劳，学习的效率也比较高。

第四，可以培养孩子的合作意识。

现在的孩子，多是独生子女，虽然从小就被大人们万般宠爱，可是由于缺少伙伴，还是会感到孤独，同时与人合作的意识也十分淡薄。两个人一起学习，不仅可以丰富孩子寂寞的精神世界，还能培养孩子的合作意识。因为两个人一起学习不可能像自己一个人学习那样随便，要互相协调、互相帮助，慢慢地，合作意识就形成了。

怎样帮孩子寻找学习伙伴一起学习呢？我有以下几点建议。

- **一起学习的孩子不宜过多**。孩子们一起学习的地点一般是在某个孩子的家里，不像在学校那样有约束力。孩子多了，出现的问题也就多，分散孩子注意力的情况也就多。如果有几个自觉性较差的孩子在一起，就会形成小的不良团体，对整个小组的学习产生不利的影响。

- **一般来说，在家庭学习中一般两个孩子是最好的组合**。这样既便于父母监督，又可以营造良好的学习环境。

- **一起学习的孩子，最好在各个方面互补**。首先要在尊重孩子的基础上帮助孩子选择适合的学习对象。孩子年龄较小，自我控制能力较差，他所选择的学习伙伴往往是志同道合的好友，这样两个人在一起学习，很有可能只是嬉笑打闹，还不如自己去学习。

- **在选择学习伙伴时，最好两个孩子在性格、能力等方面能形成互补。**学习好的和学习差的一组，性格活泼的和性格沉静的一组，这样在学习中可以互相调控、互相帮助。

- **最好和老师取得联系。**最了解孩子学习情况的应该说是孩子的老师，在帮助孩子选择学习伙伴时，最好能和孩子的老师取得联系，让老师帮助挑选。同时，孩子一般容易听从老师的意见，这样老师就可以帮助父母来约束孩子在家的学习情况。有了老师的参与，两个孩子一起学习就更有针对性和任务性，更便于目标的实现。

建议60：让孩子考大人、教大人

不少孩子认为学习是老师和父母的要求，就是为了通过考试和获得高分，是不得不做的"苦差事"。因此学习时很不情愿、不投入，常常被动、消极地应付。长此以往，必然产生怕学、厌学的情绪，学习效果很难提高。

要让孩子对学习产生兴趣，决不能采取压制的办法，而应该让他们当学习的主人，想办法使他们由被动变为主动。让孩子考大人、教大人，就是一个值得尝试的好方法。

让孩子"考"大人，能很好地调动孩子学习的积极性。

孩子"考"大人，孩子变成了大人的老师，获得了心理的优势，会变得主动、积极。有一位妈妈是这样做的：

有一位聪明的妈妈，时不时让孩子出题"考"自己，被"考"的时候，她总是故意答错几个地方，让孩子挑出来。她发现，孩子在批改她的答卷时，态度十分认真，一笔一画，一个标点也不放过。拿不准的地方就翻书找答案，再拿不准就背着她去找爸爸。孩子拿着红笔给她打分时甭提有多得意了。久而久之，孩子不那么讨厌学习了，甚至还慢慢变得主动起来。

让孩子"考"父母为什么会有如此奇特的效果呢？

首先，这能增加孩子的兴致，让他们赢得一种心理优势，觉得自己不再是从前被考的那个，情绪上不再压抑。

第二，让孩子出题能帮助他们掌握重点、难点。要考别人，给别人出难题，自己就要先弄懂，不然到时候怎么评判呢？

第三，孩子愿意出自己最拿手的题目，通过他们出的题目，父母能很明显地看到孩子学习的长处和漏洞，这便于帮助孩子及时总结，扬长避短。

有的父母会担心，孩子"考"自己，自己答不上来怎么办？这很简单。孩子

"考"的问题很可能恰好是我们父母不太了解的，这时既不要掩饰自己不会，更不要因为自己不会就恼羞成怒。

比较好的方法是，诚恳地告诉孩子自己不会，然后请孩子讲解，如果孩子自己也不会，最好把这个问题记下来，之后认真寻找答案。武汉有一位母亲就曾经将女儿问她的问题记录了好几个大本子，并且一一回答，既帮助女儿提高了学习，又丰富了自己的知识水平，更融洽了母女之间的感情。

让孩子"教"大人，更能让孩子感到自己是学习的主人。

孩子的主要任务是学习，让他们来教大人，他们能行吗？千万别低估了他们的能力。

现实生活中就有很多活生生的例子：

有一位父亲，他看到儿子对学习英语一点兴趣都没有，心里十分着急。但这位父亲以前也没有学过英语，要指导孩子学习英语，根本就无处下手。后来，他想到了一个很好的办法：请儿子教他学英语。每天放学之后，等儿子做完作业，就让儿子把在学校学习的英语课程教给他。父亲每天都很认真地听儿子讲课，有什么问题就去问儿子。为了教好这个"特殊"的学生，儿子一改以前对英语学习提不起兴趣的状况，不但认真听课，还仔细地做了笔记，有哪个地方不懂就及时去问老师，作业的情况也大为改观。一段时间下来，儿子的英语成绩节节攀升，让老师和同学刮目相看。

孩子在"教"大人时，实际上具有"双重"身份。一方面是学生，一方面也是老师。为了当好老师，他就必须先当好学生。而当老师又比做学生难得多。要教别人，他自己必须把概念搞清楚，吃透教材，还要根据自己的理解，把知识重新组合，用自己的语言讲出来，这比做学生的要求高多了。如果能长期坚持让孩子"教"大人，不但能促进孩子的学习，还能提高孩子各方面的能力，如归纳和概括的能力、语言表达能力等。

怎样才能更好地帮助孩子考大人、教大人，调动他们的学习积极性呢？我有以下几点建议。

- **放下自己的家长架子**。教育孩子时不要总是居高临下，如果父母放不下家长架子，即使让孩子"考"父母，孩子也不敢靠近父母。
- **严肃而活泼**。严肃，是指不要把孩子的"教"与"考"当成儿戏，即使是很小的题目也要认真对待；活泼，是指"教"与"考"可以不拘形式，可以跟孩子多交流，多讨论。
- **做爱动脑筋的父母**。父母要多动脑子，勤于思考。比如多读书、看报，不断把新的信息传达给家里人，谈谈自己的认识。遇到不明白的问题时，多查查资料、工具书，争取找到答案，给孩子正面的影响。

- **向孩子学习**。现在有的孩子在某些方面懂得比大人多，父母应该树立起一种意识：向孩子学习。有些知识，父母可以直接以孩子为老师，既学到东西，又促进孩子的学习。

建议61：减轻孩子感觉上的负担

学习本身比较枯燥，孩子们体会不到学习的乐趣，多多少少有些厌学情绪，是很正常的。关键要帮助孩子减少这种情绪。一个较好的方法就是为孩子营造一个活泼愉快的学习环境，减轻孩子感觉上的负担。

现在社会竞争异常激烈，使得很多父母认为开启成功大门的钥匙，就是那一纸文凭。为了让孩子挤上通往大学的独木桥，父母恨不得孩子每时每刻都学习。其实，这样做不仅不能让孩子理解学习的重要性，反而让很多孩子产生了严重的心理问题。

《教育的秘诀是真爱》中提到一个例子就是深刻的教训：

曾经有三个女高中生，她们在班上学习成绩中等，由于所在的学校是一所重点高中，要考上大学并不困难。可是这三个女生竟然在高考那天互相约定好，谁也不去参加。而她们这样做的动机，竟然是为了报复父母这么多年来对她们的"折磨"。

有一个女孩子说，她们从小就被逼着学习，每天学习的时间都特别长，一天里几乎没有别的事情，就是学习。爸爸妈妈只是关心她们的分数，根本就没有理会她们的感觉。所以她们决定报复她们的父母，要不等考上大学就更学个没完了。

心理学家分析，造成以上后果的原因就是孩子们已经因为过长的学习时间、过大的学习压力而开始厌学了。

可见，学习时间过长不仅没有像父母期望的那样使孩子迈入大学的校门，相反让孩子产生了对学习的极度抵触情绪。

所以父母安排孩子的学习时间一定要适度。在公开发表的《关于全面贯彻教育方针减轻中小学生过重课业负担的意见》中，明确规定了学生的作业分量和难度标准："小学一年级不留书面家庭作业；二年级、三年级每日课外作业量不超过30分钟；四年级不超过45分钟；五年级、六年级不超过1小时(以上均按中等水平学生完成的时间计算)……"

父母对孩子寄予良好的期望是正常的，但这种期望一定要在科学理论的引导下，适度地安排。

减轻孩子感觉上的负担，孩子更容易接受父母提出的要求。

父母都希望孩子的学习时间能长一些，但长时间的学习不仅不符合孩子的生理特点，而且很容易让孩子产生厌学情绪。有些父母在这一点上就做得很好，他们采取了先让孩子玩一会儿再学习的做法。这种做法十分符合孩子的心理特点。每个孩子都有游戏的需求，当父母满足了这个需求以后，对孩子提出要求，孩子也就容易接受。

也有的父母采用感觉对比的方法，想让孩子学习一个小时，但事先却说让孩子学习五十分钟。等孩子学习了五十分钟后，再提出让孩子学习十分钟的要求。孩子觉得十分钟很容易接受，所以就会痛快地答应。

其实这些做法，并没有减少孩子的学习时间，却减轻了孩子感觉上的负担，并且还能缓和父母和孩子因为学习而产生的矛盾。

父母不仅要给孩子安排一个舒服、干净、安静的学习地点，更主要的还是指在精神上也要给孩子营造一个活泼愉快的氛围。对于前一点，很多父母已经做得相当出色了，可是后一点却被很多家庭忽略了。

关鸿羽教授问过不少学习尖子，他们的家庭教育情况不尽相同，但有一种现象耐人寻味，就是家长对他们的学习并不太过问，既不给他们请家教，又不送他们进"提高班"，也不检查作业，甚至连参考书都不买，但孩子的学习劲头很大，最终考上名牌大学。

当关鸿羽教授问家长时，家长说他们是"外松内紧"。表面上看好像不管，平时不怎么跟孩子唠叨，只在关键时刻给以点拨；表面上不多留习题，可实际上给以必要的引导，对具体功课不怎么辅导，而对孩子的学习习惯、学习态度、学习兴趣从小就下功夫。这种做法不易造成逆反心理，不易形成厌学情绪。

可见，孩子的学习要抓得适度，不能太紧，也不要太松。父母千万不要把家庭变成教育孩子的学堂，当然，也不让孩子信马由缰。

如何减轻孩子感觉上的负担？我有以下几点建议。

- **充分了解孩子，采取的办法因人而异**。减轻孩子感觉上的负担是为了让孩子更好地学习。有些孩子本身过分贪玩，如果采用先玩一会儿再去学习的办法是行不通的，因为孩子可能会一直兴奋下去，难以专心去学习。所以要具体情况具体分析，针对孩子的实际情况想出最适合他的办法。

- **不威胁、恐吓孩子**。减轻感觉上的负担，最重要的是减轻孩子的心理负担，不要用分数恐吓孩子，也不要威胁孩子。如果孩子害怕学习、害怕考试，也难有学习兴趣。

- **和孩子要多沟通**。不管采用什么方法给孩子减轻负担，前提是一定要和孩子进行沟通，尤其是对自觉性相对较差的孩子，更应该先沟通好再减压，和孩子商量好玩多长时间再写作业，或是复习多长时间然后再休息。千万不要凭借自己的主观想象给孩子安排时间，要尊重孩子的想法。

- **不给孩子额外的负担**。有些父母总喜欢给孩子无限度地增加学习内容。当孩子完成一项学习任务后，又给孩子添加新的内容。这样做，孩子会渐渐产生反感情绪，感觉压抑、不自由，必然会产生抵触情绪。

- **别让父母的期望成为孩子的压力**。有很多父母每天把学习挂在嘴边，或对孩子的前途作很多美好的设想，并借此督促孩子学习。这样做只会给孩子增加不必要的压力。

建议62：巧妙调和师生关系

　　一般来说，孩子厌学是有原因的。有些孩子厌学，是因为师生关系不正常，个别老师对孩子有偏见，造成孩子在心里不喜欢这位老师，因此不爱学这位老师教的功课。

　　当孩子因不喜欢老师而厌学时，父母要采取巧妙的办法帮助孩子调和师生关系。

　　帮孩子调和师生关系，父母要巧妙地和老师进行沟通。

　　老师每天要面对很多学生，师德再高尚，也会有照顾不到的地方。很有可能因为一点小的事情，对孩子进行了批评教育，自己事后又淡忘了，但这却给孩子造成了不小的影响。父母知道后，不要急于下结论，而应该巧妙地和老师进行沟通，把孩子的想法跟老师说一说，最好让老师来解开孩子的心结，这样做效果会更好。

　　我们先看看下面这位高明的妈妈是怎么做的：

　　曾经有一位中学教师，因为做操的问题批评了班上的一个孩子。事后这位老师就把这件事给忘记了，但是孩子却对老师的批评耿耿于怀。放学回家后，他告诉了自己的母亲，并说再也不学这位老师的课了。母亲并没有急于下结论，而是和老师进行了心平气和地交流，了解了当时的情况，并把孩子的事情和老师说了说，希望老师帮忙解开孩子心里的疙瘩。老师知道后，及时和那个孩子进行了交流，孩子心里的问题得到了解决，还和这位老师成了好朋友。

　　可见，和老师的沟通不仅可以消除孩子的厌学情绪，而且还能让孩子更加喜欢这位老师的课程。有些父母，因为老师批评了孩子，就跑到学校里和老师理论，这样非但不能解决问题，反而可能激化矛盾。

　　父母不要在孩子面前流露出对老师的偏见，要维护老师的威信。

有些父母经常在孩子面前挑老师的毛病，久而久之便让孩子对老师产生了意见，并且很容易把这种意见流露出来，对孩子的成长没有益处。

曾经有一位老师听见班上的一个学生在说他的坏话，就把这个学生狠狠地批评了一顿，并问这个孩子为什么要这样说他。孩子说是父母经常这样说的。于是这位老师又找来了这个孩子的父母，老师和孩子父母的矛盾越来越深。由于班里的其他学生知道了老师和这个学生的矛盾，于是开始孤立这个孩子。孩子不仅学习成绩迅速下降，而且根本就不想到学校去上课。最后，他的父母不得不把他转到另一所学校去上学。

所以，父母即使对老师有意见也最好不要在孩子面前表现，如果觉得老师做得确实过分，可以和老师沟通，或者把情况和校长说一说。

不管什么样的老师都有优点，爱生气的老师也好，留很多作业的老师也好，父母都要维护老师的威信，而且要让孩子觉得大人说的是真心话。这样孩子也会慢慢转变对老师的看法，进而能从自身找原因，慢慢改变厌学情绪。

其实每个老师的出发点都是为了孩子好，可能有的老师表现得过于激烈，有些老师表现得十分平和。父母都要教育孩子尊重老师，树立老师的威信，这样孩子才不会把上学当成一种负担。

如何帮助孩子调节师生关系呢？我有以下几点建议。

- **帮孩子树立正确的心态**。在孩子的日常生活中，老师可能是孩子接触时间最长的人。老师的一举一动都会对孩子造成深远的影响，有些老师的不妥当行为可能会造成孩子厌学的情绪。父母一定要帮助孩子树立正确思想，让孩子知道老师的批评教育是以爱为出发点的。同时要让孩子了解，老师每天的工作繁重，有可能有冤枉你的地方，可以让孩子去和老师交流、沟通，积极解决问题。

- **在孩子面前多说老师的优点**。有些老师比较威严，孩子对他敬而远之，这样不利于孩子的学习。父母可以在日常生活中，比如全家一起吃饭的时候，很自然地赞美老师的优点，让孩子知道老师的用心良苦，这样会缓和老师和学生之间的矛盾。

- **要多和老师沟通**。父母经常和老师沟通，既有利于了解孩子在学校中的日常表现，也有利于老师了解孩子的思想动态，尤其是当孩子因为某件事情和老师发生误会或矛盾时，父母更要及时和老师沟通。老师一般不会因为孩子的一点思想问题就对孩子产生意见，他们都是以帮助孩子、爱孩子为出发点的。

- **要积极配合孩子和老师的工作。**有时，老师安排孩子一项工作，父母可能是害怕耽误孩子学习或是嫌麻烦，便会有些怨言，这样，孩子在以后的工作中就会不积极了。而孩子不积极，自然也就会和老师的关系疏远。所以父母应该鼓励孩子多参加活动，并配合孩子完成老师布置的任务。

建议63：用"理想"照亮孩子的前程

常言道，你期望自己是什么人，最终你才能成为那样的人。这就是"理想"在起着作用。不光如此，别人对你寄予一种热烈的期望，同样也能促使你为实现这个良好形象而作出艰苦努力。

同样地，父母赋予孩子良好的期待和愿望，孩子就有可能想尽各种办法，改正自己的缺点，使自己趋于心目中的"完美"。

《环球时报》曾刊载了一则故事，大意如下：

9岁的小男孩史蒂夫双目失明，一直生活在重重自卑中。小学老师本尼迪斯太太给他上了难忘的一课。

那天，本尼迪斯太太正在讲课，突然，她停了下来，作出倾听的样子，好像听见什么异常的动静。大家都东张西望，只有史蒂夫没动。本尼迪斯太太神秘地说，可能是老鼠，大家乱作一团。

于是，本尼迪斯太太向静静坐在座位上的史蒂夫求助，这可是他的长项。他歪着头，屏息凝神，手慢慢指向墙角的废纸篓。一点儿没错，本尼迪斯太太果然在那里找到了老鼠。

课继续上着，但史蒂夫变了，自信的种子开始发芽，每当情绪低落，他就想起那只小老鼠。事隔多年，他才知道原来小老鼠是本尼迪斯太太特意请去的"助手"。

这个小男孩，最终在音乐上大绽光华。这当然离不开当年老师的用心良苦。可以说，能否经常给孩子一些热切的期盼，是否能帮助孩子建立自信心，是智慧的父母和平庸的父母的重要区别。只有对自己十分自信的孩子，将来才能走向成功。

父母对孩子抱有热切的期望，常常能点燃孩子内心追求理想的火花，鼓励他们实现目标。

在一篇名为《天使的吻痕》的文章中，作者讲述了这样一个故事：

一个年轻人脸上有一块巨大而丑陋的胎记。但他却出奇地友善、幽默、积极向上。有一天，好朋友问他是如何看法他那块胎记带给他的尴尬和自卑的。

出人意料的是，他却回答说，自己向来以它为荣。在他很小的时候，父亲就告诉他，他脸上的标记是天使吻过的痕迹，上帝给了他特殊的才能。他对自己的好运气深信不疑，于是积极努力，生怕浪费上帝给他的特殊才能。

正因为有了那块胎记，他才会不断奋斗，取得不俗的成绩……

父母不但要对有天赋的孩子抱着良好"期望"，就是对那些天赋不高甚至愚笨的孩子也不要丧失信心，也应寄予良好的"期望"。父母要努力对孩子形成良好印象，并把这种印象通过自己的言行传达给孩子，从而帮助孩子形成良好的自我印象，以此激励他们努力做得更好。

对孩子寄予热切的期望能帮助孩子产生学习的动力。

我们先看一个真实的故事：

有位学生各科成绩都很一般，唯有物理相当出色。经过调查，人们发现原因是这样的：他曾从同学那里听说物理老师对其他老师说他懂事、做事稳妥。为了保住自己在物理老师心中的好印象，报答物理老师对他的喜爱，从此他在物理课上表现得积极主动，回到家后首先完成的就是物理作业，所以物理也学得越来越好。

付出爱的方式很多，而爱的回报方式也很多。也许故事中的这位老师对学生的赞许只是不经意的，但却促成这位学生以提高成绩来报答老师的关爱。为什么我们不能如此呢？给孩子以期望，使他们滋生更加努力学习的偏欲望，何乐而不为？

如何帮助孩子树立理想，促进孩子的学习呢？我有以下几点建议。

- **多用鼓励**。父母鼓励孩子时不要太吝啬，不要觉得孩子没有什么优点，没有值得鼓励的地方。其实，只要做个有心人，就一定能够发现孩子的长处。即使孩子真的很差劲，也可以抓住机会鼓励孩子。

- **对孩子的鼓励要具体**。鼓励切忌说空话，空话只能让孩子觉得虚伪和无所适从，最好给孩子一些很具体的鼓励。

- **要通过言谈举止让孩子感到你的期望**。一句话、一个眼神、一次交谈、一声赞美，都可能使孩子终身受益。

- **父母要注意自己的语言**。赞扬对孩子的成长非常重要。孩子对父母的期望往往信以为真，不知不觉地就慢慢形成了一种观念，认为自己确实比别人聪明，对学习会有更浓厚的兴趣。当孩子非常自信的时候，心理、生理上会调整到一个最积极、最活跃的状态，很容易如自己所期望的那样达到一个个目标。

建议64：不要过于注重分数

很多孩子十分惧怕父母去开家长会，因为父母会知道自己的分数和排名，这样回家以后自然少不了一顿疾风暴雨般的教育。这种反差不仅没有起到振聋发聩的作用，相反更让孩子对学习失去兴趣。所以，父母千万不要过于注重孩子的分数。

孩子的学习负担本来就重，但还有很多父母把成绩当成衡量孩子学习是否用功的唯一标准。殊不知，决定孩子取得什么分数的因素很多，临场发挥、特殊情况、紧张、场外的干扰……，都会影响孩子的考试成绩，所以如果仅仅因为一次考试没有考好，就对孩子严加指责，孩子下一次考试只会发挥得更糟。

父母对成绩的态度，常常决定了孩子考试时的心情。有很多孩子在考试的时候，总是静不下心来，生怕因为失误而影响考试的成绩。可是越是提心吊胆，就越容易出现问题。结果成绩并不理想，给父母看的时候又被批评了一顿。如此恶性循环，孩子越考越差，最后很容易导致对学习的厌恶。

分数不是衡量孩子好坏的唯一标准，过于重视孩子的分数，可能使孩子的认识出现偏差。

苏联教育家阿纳什维利说："儿童不需要分数，因为分数会阻碍他们对知识的渴求，阻碍他们在学校快乐和愉快地生活。"

分数只是考察孩子学习情况的一个指标，并不能完全概括孩子所有的学习情况。孩子是否掌握了学习的方法、感受到学习的乐趣，都比分数更重要。父母过于注重分数，只会让孩子为了考高分而学习，若学习的目的都发生了偏差，学习又有什么乐趣呢？

过分关注分数，势必影响亲子关系的良性发展。

著名教育专家卢勤在《告诉孩子你真棒》一书中选用了一封"知心家信"，这个六年级的孩子在信中写道：

那天，我从老师手里接过数学试卷，糟了！58分。我垂头丧气地回到家中，胆怯地靠在门旁边，眼睛盯着脚尖："妈妈，我得了58分。"

"啪！"一记耳光落在我的脸上，妈妈的眼睛瞪得像铜铃，额上的皱纹形成了一个倒立的"八"字，她左手叉腰，右手抓起苍蝇拍，照我的屁股上就是一下，嘴里说着："你这个不争气的东西，我辛辛苦苦送你上学，你不好好读书，才考了个58分，我看你疯了……"一碗不知什么滋味的饭是和着泪水咽下去的。

"不争气的，还不去洗碗！"

"不争气的，还不去扫地！"

"不争气的，还不去洗衣服！"

今天，我从老师手里接过语文考卷，啊！100分！我哼着小曲像小燕子似的"飞"进家门，"妈妈，你看100分！"

"叭！"一个响亮的吻印在我的脸上。妈妈那大大的眼睛眯成一条缝，额上的皱纹变得温柔了，她双手紧抱着我，嘴巴笑得合不拢："哈哈哈……我的女儿真好，真乖。"

午饭是猪肉、鱼汤……

"别，碗不要洗了，油星子会溅到你衣服上……"

"别，地不要扫了，灰尘会迷了你的眼……"

"别，衣服别洗了，水冷冰冰的。"

我想多问一句："妈妈，您到底爱什么？是我？还是我的分数？"

过于注重孩子分数的父母，势必给孩子留下一种印象，即父母爱分数胜过爱自己，从而可能使孩子越来越不愿意与父母交流，亲子关系也可能渐渐陷入僵局。

那么应该如何去做呢？我有以下几点建议。

- **要赞美孩子的其他品质。**不要因为一次分数低就否定了孩子的一切。孩子学习不好，要看到这仅是孩子的部分表现，更要看到成绩之外孩子所做的努力，并对孩子的努力给予肯定。

  孩子成绩好，父母也不要对孩子太娇宠，给孩子赞美的同时，也不要忘记关注孩子的其他品质，如认真、宽容、勤劳等，表扬这些比表扬分数更有用。

- **和老师的沟通要讲技巧。**父母要关注孩子的多方面成长，不要仅仅因为成绩和老师联系，应定期和老师谈一谈，了解孩子在校的情况，也向老师介绍一下孩子在家中的表现。对那些成绩稍差的孩子，父母不要在老师面前数落孩子，而应经常给老师讲讲孩子在家的一些好的表现。

● **听听孩子怎么说**。当孩子成绩变差的时候，父母不要急火攻心，上来就训斥孩子，应先听一听孩子怎么说，也许孩子没有考好是有什么特殊原因。

建议65：磨砺孩子的意志

我曾经做过研究，人的学习兴趣在怎样的条件下可以持续下去。其中一个重要的因素就是人的意志力。

成功，往往就是在最艰难的时候，再坚持一会儿。孩子的学习也是一样，学习是一件艰苦的事情，你的孩子能不能在众多的孩子中脱颖而出，就在于遇到困难的时候，是否具备足够的意志力。

所以，在日常生活中，父母应注意对孩子意志力的培养。

成功者与平庸者的本质区别，就在于意志品质的差异，而这也是孩子在学习过程中出现差异的重要原因。

在生活中，我们不难发现，有的孩子在学习遇到了困难以后，思考一下就放弃了，而有的孩子则寻找资料、四处请教，直到自己弄明白了为止。后者对知识的掌握肯定要比前者牢靠，成绩好也就不足为奇了。

意志力，不是爆发力，而是一种韧性，无坚不摧的往往正是这种看似绵薄，但后劲十足的持久力。意志品质，不仅仅表现在学习上，也表现在生活中。意志品质好的孩子，往往能成为生活中的强者。

在体育课上，经常要做双手悬挂运动，有些孩子在单杠上坚持几分钟都不行，而有的孩子却可以坚持长达二十分钟之久。是什么原因造成二者的差异呢？就是意志力。再设想一下，如果是被悬在一棵离地面几十米的树上，不知道什么时候才能被营救，于是只好耐心坚持着，这时那些平常连一分钟也坚持不了的人也能坚持好几个小时，这就是意志力在发挥作用。

人有很多极限，通常情况下，人是无法超越极限的，所以很多人做事情，包括孩子学习时，一旦遇到困难就轻易放弃了。但是，再坚持一小会儿，可能就会发生奇迹。

让孩子在最困难的时候再坚持一会儿，孩子会变得更坚强，才愿意坚持到底。

在学习中，孩子会遇到许多困难，当孩子想放弃的时候，父母应该鼓励孩子再坚持一会儿。因为孩子能不能脱颖而出，就在于遇到困难的时候是否具备足够的意志力。

学习就像钉子，钉子要钉进木头里，一靠钻，二靠挤劲，钻就是刻苦钻研，遇到问题决不放弃，不解决绝不罢休，这样对知识就会有更加深刻的理解；挤劲就像挤海绵里的水，充分地利用时间，将学习时间在实质上延长。无论"钻"还是"挤"，都需要孩子付出超乎寻常的意志。

所以，当孩子遇到困难的时候，父母不要心疼孩子，替孩子解决问题，而是应该鼓励孩子再坚持一会儿。这样孩子才会变得更坚强。

很多人都记得这样一幅漫画，画上的人拿着一个铲子想挖一口井来取水，可是他挖了很多地方，有深有浅，但是都没有挖出水来，最后他下了一个结论：这个地方根本就没有水。其实，这里的地下水资源相当丰富，只是他没有坚持到底，有几口井，只要再坚持挖几下就会出水了，可是他却放弃了。虽然他付出的劳动并不少，但是因为没能坚持到底，所以没有获得收获。

孩子的学习也是一样，孩子获取知识的多少取决于孩子是否能坚持到底。有很多孩子在学习上精神不能集中，就是因为他没有坚持到底的精神，对不感兴趣或是没有理解的知识，很快就放弃了。

设置合适的困难让孩子克服，能让孩子在不断成功的乐趣中培养出耐心坚持、毅力顽强的优良品质，即使在最难的时候也能坚持下去。

在学习中，有很多孩子遇到困难以后并不是自己积极地寻找解决的办法，而是马上去请教同学或老师。这样虽然能很快获得答案，但却让孩子产生了依赖心理，一遇到困难就去寻求他人的帮助。这对孩子今后的成长十分不利。

针对这种情况，父母可以设置合适的困难让孩子去克服。比如学习游泳。孩子和父母在一起是学不会游泳的，因为孩子遇到水害怕，父母就会心软。可是在游泳训练班里，教练总是"粗暴"地把孩子推下深水，让孩子在水里挣扎。孩子虽然大哭大闹，但是没有人会理睬。渐渐地，由于熟悉了水性，孩子也就学会了游泳。

设置合适的困难让孩子克服，孩子遇到问题就不会慌张。有这样一则故事：

美国有一位著名的法官，培养女儿时总是故意安排一些困难，让孩子学会遇到困难不慌张、要冷静。一次他和女儿一起骑马外出，结果他因为意外而严重受伤。这时他九岁的女儿并没有被这个意外吓得惊慌失措，而是想先去求救，可是把父亲一个人留在山上是十分危险的。她就搀扶并鼓励父亲和她一起慢慢地下山。父亲伤势很重，有好几次都想放弃，可是女儿却一直鼓励父亲走下去，为治疗赢得了宝贵的时间。后来这个小女孩被评选为美国十名小英雄之一，并获得了总统的接见。

正是由于对孩子能力的培养，这个小女孩在遇到如此大的问题时，不但没有惊慌失措，反而果断地想到了最佳的解决办法，并且克服了困难。

适当设置一些困难让孩子去克服，对孩子的意志品德也是一种培养。

怎样培养孩子的意志品质呢？我有以下几点建议。

- **要和目标巧妙地结合在一起。** 意志是和目标联系在一起的，孩子正是因为有了自己可望达到的目标，才会产生克服困难的动力。而因为有了这样的动力，孩子的意志品德才会得到培养。

- **要多鼓励支持。** 当孩子遇到困难想要放弃时，父母应该多鼓励孩子，用自己的言行支持孩子再坚持一会儿。而且在孩子遇到问题时，父母最好少插手，应该让孩子自己去努力解决。有很多时候，父母的一两句话，可能会让马上就要放弃的孩子又产生坚持一会儿的动力。比如"我相信你一定能成""你很出色，只要努力就一定能成功"，等等。切忌，不能说打消孩子积极性的话，如"怎么用这么长时间你还没有想出来，真是笨死了"，这些都可能让孩子产生放弃的念头。

- **父母的榜样作用很重要。** 父母是孩子学习的榜样，孩子的很多品德是从父母身上直接学来的。有些父母，在生活中遇到一些困难就放弃了，这对孩子意志品德的养成十分不利。父母应该在孩子面前，树立面对困难坚持到底的形象。

- **巧妙地安排一些活动。** 父母可以巧妙地为孩子安排一些活动，和孩子一起坚持到底战胜困难。由于能和父母一起面对困难，孩子的积极性会很高。但是在游戏的过程中，父母不要让孩子产生依赖性，应鼓励孩子自己去完成。

- **设置的困难要适度。** 在给孩子设置困难的时候一定要注意适度，不是越难越好，而要针对孩子的年龄特点，循序渐进。而且第一次设置困难时，更要注意不要过难，必须让孩子品尝到战胜困难的喜悦，他才会愿意继续去克服，而不能一上来就打击了孩子的自信心。

- **要敢于放手。** 有些父母十分心疼孩子，不想让孩子受苦。其实这样做并不好。孩子如果因为意外受了一点伤，父母不要表现得惊慌失措，那样会对孩子的心理造成暗示，孩子也会心疼起自己来。其实，在日常生活中，受一点小伤在所难免，不要让孩子产生畏惧感。

- **必要时给予指导**。孩子遇到困难，可能绞尽脑汁也想不出解决的办法。这时父母不要马上帮助孩子找答案。应该等一等，当孩子真的没有办法了，再告诉孩子解决问题的方法。注意，是方法，而不是答案。否则会让孩子产生依赖性。父母在指导孩子时，一定要注意时机，不宜过早，也不能太晚。如果太晚，孩子就失去兴趣了。

建议66：让孩子对学习更专注、更痴迷

专注，不仅是灵魂获取酬劳的唯一途径，更是激发孩子学习潜能的必要条件，专注的最高境界是痴迷。受到鼓励、训练的孩子让大脑进入了较深层次的智力快感状态，从而在发展这种兴趣中进入一种痴迷的忘我境界。

一旦孩子养成了痴迷的习惯和个性，他的智力活动便进入了一个质的提高期，而这种让他痴迷的事物也必将成为他日后极其重要的部分。

当一个人对某一学科专注起来，他们就由被动的学习变成了主动的学习，学习的积极性就会高涨。同时对这一门学科的研究也就更加深入，并且还能取得很大的成绩。

《故事时代》中有一则故事：

在荷兰，有一个初中毕业的青年农民，来到一个小镇，找到了一份替镇政府看门的工作。他在这个门卫的岗位上一直工作了60多年，一生没有离开过这个小镇，也没有再换过工作。

也许是工作太清闲，他又太年轻，需要打发时间。他选择了又费时又费工的打磨镜片作为自己的业余爱好。就这样，他磨呀磨，一磨就是60年。他是那样地专注和细致，技术已经超过专业技师了，他磨出的复合镜片的放大倍数，比别人的都要高。借着他研磨的镜片，他终于发现了当时科技界尚未知晓的另一个广阔的世界——微生物世界。从此，他声名大振，只有初中文化的他，被授予了在他看来是高深莫测的巴黎科学院院士的头衔。就连英国女王都到小镇拜会过他。

创造这个奇迹的小人物，就是科学史上大名鼎鼎、活了90岁的荷兰科学家万·列文虎克，他老老实实地把手头上的每一个玻璃片磨好，用尽毕生的心血，致力于每一个平淡无奇的细节的完善，终于在他的细节里看到了他的上帝，科学也在他的细节里看到了自己更广阔的前景。

有很多父母秉持"技多不压身"的传统观念，让孩子涉足多个领域，其实这样

做对孩子的成长并没有多大的好处。因为孩子在每一个领域里都是浅尝辄止，还没有对一个方面产生兴趣，注意力就被转移到另一个方面去了。孩子对每一个领域都不感兴趣，也就不会在这些领域里取得成功了。

所以，父母应该让孩子对他感兴趣的某一领域产生专注，这样孩子就会在这个领域中深入地研究，乐此不疲。

孩子对某一领域产生了"痴迷"，必然不会满足课本中所传授的那些知识，肯定会对相关领域进行比较系统的了解，他的知识也就会在研究中变得更加丰富：

有一位学生，在初中的时候，迷恋上了埃及的金字塔。为了对金字塔有更深入的了解，他开始翻看与埃及有关的书籍，了解埃及的历史，在了解埃及历史的过程中，他发现罗马在埃及的发展中起着重要的作用。于是他又开始研究相关的古罗马历史。而且在研究的过程中，他还对尼罗河的地理知识产生了兴趣……随着他研究的不断深入，他获取的知识越来越丰富。等他上高中的时候，他的文科成绩已在班里名列前茅。

所以，孩子对某一事物产生了专注，并不是一件坏事情，这样做不仅不会让孩子的学习成绩有所下降，反而会对孩子的学习产生促进作用。

怎样培养孩子的专注精神呢？我有以下几点建议。

- **从孩子的兴趣出发。**孩子对一件事情能否"痴迷"，很大程度取决于他对这一事物是否有兴趣。所以一定要以孩子的兴趣为出发点，不要把自己的想法强加给孩子，这样不仅不能让孩子"痴迷"，相反还会产生抵触的情绪。所以要先了解孩子对什么有兴趣，然后再进行培养。

- **要巧妙地引导。**有时候，孩子对自己真正喜欢什么、对什么最感兴趣，并不十分清楚。这就需要父母的巧妙引导了。注意方式方法，不能太过心急，就好像是挖渠一样，等一切都铺垫好以后，水自然就会向预定的方向流过来。

- **给予支持和帮助。**孩子对某一事物"痴迷"，父母要给予孩子足够的支持和帮助，鼓励孩子去研究去探索。或者帮孩子找来一些书籍，或者带着孩子一起去实地参观一下。有时候一个微笑、一句话都是支持孩子专注的动力。

- **让孩子有坚定的信念和明确的目标。**要教育孩子有定力，即排除干扰、心神坚定、不乱不散，集中力量突破一个问题。怎样形成定力呢？一是确定信念，坚定不移；二是自律；三是充分调动所有的器官听从大脑的指挥。

  要教孩子明确目标，确定着眼点，一旦选定，轻易不转移。怎样选定明确的方向呢？一是寻找准确科学的参照目标；二是如果很难确定是否值得或应该做，要立即决定。

建议67：帮助孩子远离"坏情绪"

不可忽略一个人的坏情绪对学习热情的损害。

指导孩子学会控制情绪是一件很重要的事情，孩子学会了控制情绪，就一定能不断超越自己，创造自己，成为自己的主人，并在学习上将潜能发挥到最大值。父母一定要警惕孩子被坏情绪所影响。

《关尹子》中有一句话："情，波也；心，流也；性，水也。"这里的"性"就是人的需要、本能，就像水一样。"心"就是人的意愿和愿望，就像水的流动，形成了一种趋向性，有了一定的态势(动能和势能)。而"情"就是指感情、情绪，就像水流动时的波浪。

人的需要、心愿和客观事物发生各种相互作用时，就会产生情绪和情感，或喜或悲，或怒或惧，等等。而情绪通常又与人的追求紧密相关，当人们无法确定是否应当去追求时，就会感到犹豫和彷徨；当人们失去追求目标时，就会感到空虚、寂寞、无聊、伤感、怀旧；而当人们追求的过程中出现紧张的局面、受到严峻的压力时，需要付出巨大的心理能量，持久、高度地集中注意力时，则会感觉到紧张、焦虑、担心、烦恼和压迫感，要摆脱或者消除这一类的消极情绪，就要求人们能够正确对待追求。

情绪对人的作用至关重要，在追求过程中，最大的敌人不是别人，而是自己的不良情绪。情绪一坏，一个人就在心理的力量上解除了武装，别说是提高能力，就是原来已有的能力和技巧也发挥不出来。

坏情绪不利于孩子对知识的吸收和发挥。

在给孩子讲一道练习题的时候，孩子总是不能像父母要求的那样理解透彻，于是父母的火气渐渐升高了，而这时候，孩子对知识的理解不但没有丝毫的进步，连刚才已经明白的地方也忘记了。于是，父母的火气更大了，孩子对知识的掌握就更慢了。

是什么原因导致孩子学习能力下降呢？孩子在学习的过程中，由于被父母批评，他的情绪变坏了，而情绪一变坏，就不利于孩子集中精神，所以对知识的吸收也就慢了。

很多父母会发现，导致孩子考试成绩不理想的一个重要原因，就是在考试的时候情绪不好，或者是刚被老师批评过，或者是刚和朋友吵过嘴，等等。在考试的时候，不能专心思考问题，成绩是不可能理想的。

可见，"坏情绪"很容易成为孩子学习上的敌人。

让孩子的心灵充满阳光，能帮助孩子远离坏情绪。

好的心情对于孩子的学习十分重要，但是现在的孩子普遍不快乐。据调查分析，现在孩子每天的功课虽然比以前少了，但是参加的提高班和补习班却比以前多了，而且有很多孩子是在自己根本就不愿意参加的情况下，被父母逼去的。父母本来和孩子的接触就少，这样一来就更少沟通了，但这对孩子的成长却很不利：

北京有一所职业学校，每年招收的学生中考毕业成绩一般只有200分左右，是什么原因造成这些孩子成绩如此低下呢？调查发现，这些孩子在小学阶段，心灵都受到过不同程度的伤害。有些孩子是沉浸在父母离婚无人关爱的痛苦中；有些孩子从小在挖苦和讽刺中长大；有些孩子受到了很多不良媒介和信息的影响；还有些孩子和父母缺少沟通……

父母有教育子女的责任和义务，不能因为工作或感情的原因而忽视孩子的内心世界，而且小学和中学是孩子成长的关键时期，父母在关心孩子成绩的同时更要关心孩子的感情世界。父母可以多和孩子进行感情上的沟通，比如一起聊聊天(不要谈学习)，一起观看一个喜欢的节目，一起去亲近一下大自然等，这些都可以让孩子的感情世界更健康，更加充满阳光。

应该怎样帮助孩子克服坏情绪呢？我有以下几点建议。

- **教孩子用自己的行动来影响自己的情绪**。心理学研究发现，情绪会影响人们的行为，而反过来，行为也会影响情绪。一个微笑，会立即让人感觉到几分愉快。所以要指导孩子学会控制自己的情绪。让自己的行动对自己的情绪发生积极的影响。

- **转移孩子的注意力或分散烦恼**。转移注意力，就是将注意力转移到最能使孩子感到自信、愉快和充实的活动上来。关键是尽量减少外界刺激的输入量，尽量减少它的不良影响和作用。

  分散烦恼就是让孩子把自己遇到的烦恼隔离分散，各个击破。不要把烦恼联系起来，更不要通过想象、思维等活动刺激增加烦恼，决不把它和过去的烦恼以及想象中未来的烦恼联系起来，否则，只会火上浇油，使烦恼更多。

- **弱化烦恼**。减弱烦恼，**不记忆，不思考，不想象**。一个刺激作为一个信息，需要经过感觉、思维、想象、记忆等几道闸门才能触动情感。所以，需要尽可能减少心理能量的消耗，对于那些非原则性的刺激，必须学会紧紧地把住闸门，尽可能不听、不见、不感觉，对已经输入的刺激，尽可能不记忆、不想象、不思考。

- **让孩子学会体谅**。生气是用别人的过错来惩罚自己，原谅别人也是对自己的解脱。要让孩子学会宽容地对待别人，当别人触犯到他的利益时，要引导孩子学会原谅。大哭大闹不是解决问题的办法，而是无能的表现。

- **不要让自己的坏情绪影响到孩子**。父母每天也要和各种各样的人打交道，很难保证自己的心情时时愉快。当父母遇到不愉快的事情时，不要让自己的坏情绪影响到孩子，更不能把孩子当成出气筒。要合理地解决自己的情绪问题。因为坏情绪发泄到孩子身上，孩子也可能用类似的方法去发泄自己的情绪，会形成一种恶性循环。

建议68：帮孩子在失败中获得智慧

失败究竟是什么？失败就是指预定的目标没有达到或者达不到，或是受到打击或者陷入困境等。一般来说，失败总是先于成功而至，过不好失败关，就很难实现成功。

失败不是一种静止的局面，它会发生变化，它不向好的方向发展，就会向更坏的方向发展。如果态度正确，就可以反败为胜，态度不正确，就会受到更严重的打击，失败是会发生连锁反应的。

在漫长的学习过程中，失败和挫折是难免的，如何让孩子勇敢面对困难，正确对待错误，是每一位父母都应该仔细研究的问题。

孩子如果从来没有经历过失败，也不是一件值得庆幸的事情，这等于在他今后的生活中埋下了一枚定时炸弹，一旦出现问题，可能就一发不可收拾了。这也是目前很多学生心理承受能力偏差的原因。

报纸上曾经报道了这样一条消息：

某企业公开招聘，有一大学毕业生参加了考试，并觉得自己答得很出色，可是结果出来以后他榜上无名，这位大学生一气之下跳了河，虽然被人救起，但也是每日都郁寡欢。后来用人单位发现是电脑出了问题，这位大学生成绩名列前茅，但是老板听说了这件事情以后，坚决不录用这位大学生。原因是连这样一点挫折都经受不起的人，今后怎么能承受工作带来的压力呢？

这位大学生在工作之前，从来没有遇到过困难，总是一帆风顺的，等走向社会才知道，事情并不都像他想象的那样简单，于是遇到一点挫折就想不开了。

为了培养孩子正确对待失败与挫折的态度，父母可以为孩子设置一些困难，让孩子在小的时候就明白，生活中的事情并不都是顺利的，有些困难必须要通过自己的努力才能克服。只要朝着那个方向努力，就会有收获。

开始的时候，父母给孩子设计的困难不能过高，否则孩子的自信心会受到打击。可以安排一些孩子只要稍稍努力就能成功的活动，比如练习骑车等。

经历过失败或挫折的孩子，不仅有战胜困难的勇气，更能保持良好的心态。

这个世界上从来就没有常胜将军，每个人都会经历挫折和失败。关键是失败以后，以一种什么样的心态来对待失败。

曾经有一个学生，象棋下得很不错，但是有一次在和同班同学的比赛中，他输掉了比赛，从那以后，他再也没有下过象棋，而且以后参加有胜负出现的活动都不积极，因为怕自己再次失败。

其实这个孩子的身上就表现出心态失衡的问题。人们在学习和工作中，难免出现失误，但若因这些影响到自己的自信心就不好了。让孩子经历一些失败，会帮助孩子保持良好的心态。

总是经历胜利对孩子来说并不是好事。在运动场上，我们经常可以看见很多运动员在连续战胜了多个比他强大的对手以后，却败在一个实力远不如他的对手之下。分析原因发现，造成挫折的并不是技术、水平和体力，而是心态没有摆正。不断的胜利和成功会让人产生自己很了不起的错觉，如果能经历一些失败和挫折，对心态的调整有很大好处。

教孩子学会反思，是帮助孩子在失败中获得智慧的重要方法。

人之所以为人，反思是特别重要的特点之一。从小引导孩子养成反思的习惯，是最基本的教育任务之一。

反思可以帮助孩子更好地了解自己的学习状态，找到更适合自己的学习方法，避免小错变大错，小问题变大问题。

孩子在学习的过程中，并不是所有的知识都是一学就会的，很可能会出现失败。

父母让孩子进行反思的时候，不要只让孩子反思学习上出现的错误，也可以反思一些其他的内容。比如，为什么会出现这样的错误？在向同学请求帮助的时候，他的态度如何？为什么会有这样的态度？老师讲的问题我都明白了吗？为什么没有搞明白，是因为自己接受不了，还是因为别的原因，等等。

孩子学习出现问题，出现一时的挫折和失败，是多种原因引起的，父母可以帮助孩子反省得更深入一些，这对孩子良好品德和个性品质的形成都有好处。

如何帮孩子从失败中获得智慧呢？我有以下几点建议。

- **和孩子共同面对。**父母应当和孩子共同学会面对失败和挫折，在挫折面前，父母和孩子是同一条战壕的战友，要互相支持，共同努力，锻炼应对挫折的能力。同时，有父母在身边，孩子也不会因为失败而产生不良的情绪，这对稳定孩子的心态有重要的作用。

- **分析遭到挫折的原因**。孩子出现"失败"时，父母要教孩子学会分析失败原因的方法。让孩子找出问题的所在，不要让失败出现连锁反应。同时注意不要让孩子把注意力放在那些无用的感慨上。体会痛苦，只会越来越痛苦。

  出现挫折后，父母应告诫孩子：不要后悔，不要抱怨。应总结教训，把注意力放在现在和将来。集中精力想一件事情——现在怎么办最好。

- **寻找机会，实现转机**。不要让失败掩盖一切，父母应该和孩子一起分析，看是否还有转机。要教孩子从失败中找到有利的因素，抓住这些因素去争取胜利。

- **鼓励孩子积极行动**。父母一定要让孩子相信有转败为胜的可能，这是事物发展的规律。应该鼓励孩子走出失败的阴影，抓住时机，当机立断。

第10章
一切教育最终都将归结于习惯的培养

建议69：做事有条理

做事有条理的习惯，从长远来看，要对人生有规划；从细节方面来说，要使日常生活有规律、时间安排有计划；在自我意识层面上，要使自我管理有条理。

孙云晓教授将计划周密有条理细化为：人生有规划，每天生活有规律，时间安排有计划，学习有计划，自我管理有条理，等等。

每个人一生中关键的路并不多，走好了几个关键的步骤，获得成功的可能性就会更大。

有一个人希望将来能够从商，但在报考大学时，他没有直接选择商业管理类的专业，而是选择了机械工程专业。因为机械工程是制造业的基础，了解了产品生产的基本程序，就更容易掌握产品的制造成本、制造周期等方面的基础知识。毕业后，他没有急于开创自己的公司，也没有去公司工作，而是先去政府部门当了三年公务员。他不开自己的公司并非因为自己没有钱，缺乏运作的基础；他也没有去公司工作积累经验，因为他觉得公司的运营离不开和政府部门打交道。而到政府去做公务员，正好能了解与政府打交道的一些规则，也能了解政府部门运作的特点，还能积累一些与政府部门的关系，为将来开创自己的事业积累资源。当了三年公务员后，他觉得已经没有什么可以学习的了，于是考取了企业管理的研究生，学习管理知识。研究生毕业后，他依然没有急于开创自己的公司，而是到一家大企业去学习企业管理中的具体运作方面的技能，了解企业管理中常见的问题。在那里学习了五年之后，既积累了各方面的知识，也具备了一定的资金实力，他终于决定开创自己的公司了。经过长时间的调查和积累，他决定开办一家连锁销售超市。结果在短短的两三年时间里，他的公司销售额就达到了三亿美元，迅速成长为一家极具实力的企业。

这个人的成功，或许是个特例。他走的每一步似乎都凝聚了对未来目标的铺垫和思考，每一步都走得很扎实，而且很快就取得了预期的成功。事实上，更多的人都是在迷惘中开始自己的学习生活，寻找工作随波逐流，最终在浑浑噩噩中走向了平庸。

具体地说，每天起床和入睡的时间应有规律，应保证每天7～8个小时的睡眠；工作、学习、劳动的时限应有规律；一日三餐应定时定量，不偏食、不多食、讲究饮食卫生，每天饮水1500～2000毫升，每顿饭的饭量应掌握在临近下顿饭时腹中略有饥饿感为宜；不强求午睡，但应平卧休息一会儿，长此坚持有利于减轻心脏负担；每天应尽量定时排便，以减轻残渣和毒性物质对肠道的不良刺激，保持腹中舒适；早晨或晚间应适度参加健身运动；每天有放松和娱乐的时间，消除疲劳，增进文化情趣；保持情绪相对稳定，少波动，不暴躁，不抑郁，乐观向上；安排好双休日的休闲时间，从事社交和健身活动。

首先，饮食起居要有规律。

北京大学和中国老龄科研中心从1998年启动了中国老年健康长寿影响因素研究项目以来，对全国上万名高龄老人进行了跟踪调查。遗传因素对长寿的影响在调查中得到体现。高龄老人多有长寿家族史，37%的人兄弟姐妹尚在。同时，调查还发现，生活有规律是高龄老人的共同特点。他们饮食有节，不过饱，饮食清淡，荤素搭配，起居有常，不过劳，不吸烟，饮酒有度，爱清洁，讲卫生，适度地进行劳动与锻炼。

这项专门针对80岁及以上高龄老人的调查显示，除了遗传因素影响外，健康饮食和有序生活是健康长寿的"秘诀"。

此外，还要注意早睡早起。

例如，决定癌细胞能否激活的关键在于人体的免疫功能。白血球中的T细胞是免疫防卫的生力军，它可以抑制癌细胞的增殖分裂。日本大阪大学的研究结果表明，"CD4"和"CD8"是显示淋巴T细胞活力的指标。经检测，长年生活不规律的人这些指标比较低，也就是说，这些人的细胞容易发生癌变及增殖。所以，遵守"早睡早起"这一生物钟节律，是提高人体免疫力的天然有效措施，既不会增加医药费，也不会带来额外的负担。

其次，工作、学习、劳动的时间要有规律。

著名的儿童早期教育者老卡尔·威特在教育儿子的时候，要求儿子一次的学习时间不能超过2个小时。他说："再大的兴趣，如果得不到适当的培养，早晚都会消失；同样地，再大的热情，如果不进行适当的控制，很快就会失去兴致。所以说，任何兴趣都要培养，任何热情都要控制。"

再次，要坚持有规律地锻炼身体。

为了增强身体素质，很多人曾经设想过要好好锻炼身体。但是，"三天打鱼，两天晒网"的锻炼习惯使许多人都荒废了自己的锻炼计划。结果，不仅体质没有得到根本的改变，反而养成了做事拖拉、说话不算数的坏习惯。要获得好的锻炼效果，就必须长期坚持，养成每天锻炼身体的好习惯。

很多父母一不小心就成了子女时间的"代管者"，而使孩子远离了时间计划。

有效地利用时间的人往往不是一开始就着手做事情，而是先从时间安排上入手。人往往最不善于管理自己的时间。时间安排的要点在于时间的衔接、张弛和效率。

时间安排的衔接，有利于在最好的时间做最适合的事情。有的人做事情喜欢拖拉，往往使很容易做到的事情因延误了时机而大费周折。

时间的张弛，是指做事情要懂得有松有紧。有的人安排时间没有科学性，高兴了，连轴转不休息，不高兴了，就什么都不干，还自我安慰说"累了就得休息"。这样三天打鱼两天晒网，只会一事无成。只有充分利用自己的时间、能够张弛有度地交替着做事情的人，才能真正发挥自己每一刻的价值。

法国著名科普作家凡尔纳每天早上五点钟起床，一直伏案写到晚上八点。在这15个小时之中，他只在吃饭时休息片刻。在四十多年的写作生涯中，他记了上万册笔记，写了104部科幻小说，共有七八百万字！一些感到惊异的人悄悄地询问凡尔纳的妻子，想打听凡尔纳取得如此惊人成就的秘诀。凡尔纳的妻子坦然地说："秘密吗，就是凡尔纳从不放弃时间。"

所谓时间的效率，就是指单位时间里收获的多少，完成任务的数量。同样一件事情，有的人做得快，有的人做得慢，区别就在于他们时间的效率不同，因此其时间的价值也是不同的。人要想过得更有意义，就必须最大限度地发挥时间的效率，尤其不要计较尺寸之间的得失。比如，买东西的时候多数人喜欢讨价还价，甚至为了几块钱，就轻易花上一两个小时，可就在这讨价还价之间，让宝贵的时间付诸东流了。

要把自己的事情管理得井井有条，能分辨事情的轻重缓急，能根据需要及时调整时间表，会统筹安排。

首先，把自己的事情管理得井井有条。

要做到心中有张计划表，上面列着自己要做的事，需要做的准备。这些准备要形成习惯，尽量不需花时间思考就能做好。

其次，对待事情要分轻重缓急。

仅仅建立工作待办事项的清单是不够的，还必须理清各项任务之间"轻重缓急"的关系，否则很可能陷入杂乱的琐事中。花费庞大的心力处理其实并不是那么重要的事情，不仅会延搁了真正要紧的事，还会为日后埋下隐患。

再次，能根据需要及时调整时间表。

时间表制订下来一般是不能轻易修改的。但是有的时候遇到紧急情况、突发事件，就需要及时修改了。要让自己的时间表略有弹性，事情之间有过渡，这样就便于安排了。

最后，要做到统筹安排。

统筹安排，就是指在做很多事情的时候，有些事情是可以并在一起做的。譬如，我们可以在烧菜的时候，趁着空余时间来摆放桌椅，而不必等菜全部烧好了，再去摆放桌椅。

如何帮助孩子养成做事有条理的习惯呢？我有以下几条建议。

- **帮助孩子确定人生主要目标**。人生主要目标，是一个人终生所追求的比较固定的目标，生活中其他的一切事情都围绕着它而进行。对于有的孩子来说，这是一个自我发现的愉快的过程；但对有些孩子，也许是一个痛苦的过程。有人很快就可以知道自己的终极目标，但大多数人在找到终极目标之前往往要在不同场合反复询问自己。父母的任务是帮助孩子发现或确定人生主要目标。

- **帮孩子着手准备实现目标**。在这方面，职业的选择就是父母要帮孩子着重考虑的问题。职业是一个帮助实现终极目标的工具。最理想的职业方面的人生规划，应该是在孩子上大学选专业的时候就已经开始了。不过，人生规划的路途并非起步晚了就会一事无成，只要还没有到安享晚年的时候，任何时候开始职业规划都不为晚。

- **制作各种事情和活动的检查表**。先让孩子知道哪些活动由哪些事情和步骤组成，再把它们组合成一张便于核对的检查表。每当要做这些事情的时候，就可以对照着检查表逐项进行，这样就不会有所遗漏，也能够让孩子在不断地实施过程中更好地把握做这些事情的过程，做到严格控制时间。

- **学会分辨事情的轻重缓急**。事情的轻重，有些是一眼就能看出来的，有些就不太容易确定。一方面，有时候有些事情孩子特别想做，就会觉得特别重要，而容易把它排在首位。譬如孩子特别喜欢看动画片，而动画片又往往在作业还没做完的时候播放，很多孩子就禁不住动画片的诱惑，先去看动画片了。这其实就是一种轻重倒置的做法。另一方面，有些事情则是因为孩子完全没有经历过，也没有思考过，而不知道它们的轻重。父母在这方面主要起提醒的作用。

- **根据需要调整时间表**。父母要告诉孩子，时间表一旦确定下来就不能轻易修改，只有经过衡量之后才能进行修改，尤其是对于有约定的事情，还要征得别人的同意才能修改。

- **教孩子学会统筹安排**。让孩子自己比较清楚要做的几件事情，知道它们耗时的情况，然后进行统筹，避免几件事情由于时间交叉在一起带来混乱。父母可以利用日常生活中的机会，在实践中教孩子学会统筹安排。

建议70：善于与人合作

善于合作的习惯，是指在需要相互配合的事情上能够与别人协调一致，做好自己的那个部分。孙云晓教授把合作习惯分成乐于助人、虚心请教别人、团结友善、平等待人、尊重不同意见等几个方面。具体而言，又包含哪些内容呢？这里将做进一步阐述。

乐于助人是一种传统的美德。助人的关键不在于拥有多少资本，而在于是否诚心诚意地、不计回报地去做。

下面是一个广为流传的故事：

穷苦的苏格兰农夫弗莱明一天在田里工作时，听到附近泥沼里有人发出求救的哭声。于是他放下农具跑过去，发现一个小孩掉到了里面，连忙把这个孩子从死亡的边缘救了出来。

隔天，被救小孩的父亲——一位优雅的绅士到弗莱明家里致谢，并要报答他。可是他谢绝了绅士的报答。绅士看到他的儿子后，请求他答应让自己带走他的儿子，让其接受良好的教育，成为令他骄傲的人。这次他答应了。

后来弗莱明的儿子从圣玛利亚医学院毕业，成为举世闻名的弗莱明·亚历山大爵士，也就是盘尼西林(青霉素)的发明者。他在1944年受封骑士爵位，且获得诺贝尔奖。

数年后，绅士的儿子染上肺炎，是盘尼西林救活了他的命。那绅士是谁？——上议院议员丘吉尔。他的儿子是谁？——英国政治家丘吉尔爵士。

乐于助人，不计回报，常常能收获更大的回报。这种回报，是对人们美好品格的奖赏。让别人在自己的帮助中看到你的能力和品质，还能获得意想不到的机会。

善于虚心请教别人，才能把精力放在自己最擅长、最能有效地发挥自己能力的方面，摆脱烦琐事务的纠缠。

即使是最聪明的人，也不可能一个人做好所有的事情，必须要懂得与人合作，尤其是善于虚心请教别人。

管仲是我国古代有名的治国贤才，齐桓公不避前嫌重用管仲，把齐国治理得强盛起来，还辅佐齐桓公成就了一代霸业。这使得齐桓公十分关注有才干的人，他决心广纳贤才，命人在宫廷外面燃起火炬，照得宫廷内外一片红红火火，一方面造成声势，一方面也便于日夜接待前来晋见的八方英才。然而，火炬燃了整整一年，人们经过时除了发些议论或看热闹外，并无人进宫求见。大臣们面面相觑，不知是何原因。

有一天，竟然来了一个乡下人，在宫门口请求进去见齐桓公。他说自己能熟练地背诵算术口诀，门官报告给齐桓公，齐桓公觉得十分好笑，让门官回复乡下人，说念算术口诀的才能太浅陋了，让他回去。但乡下人却不卑不亢地说："听人们说，这里的火炬燃烧了整整一年了，却一直没有人前来求见，我想，这是因为大王的雄才大略名扬天下，各地贤才虽然敬重大王、希望为大王出力，但又深恐自己的才干远不及大王而不被接纳，因此不敢前来求见。今天我以念算术口诀的才能来求见大王，我这点本事的确算不了什么，可是如果大王能对我以礼相待，天下人就会知道大王真心求才、礼贤下士的一片诚意，何愁那些有真才实学的能人不来呢？泰山就是因为不排斥一石一土，才有它的高大；江海也因为不拒绝涓涓细流、广纳百川，才有它的深邃。古代那些圣明的君王，也要经常去向农夫樵夫请教，集思广益，才会使自己更加英明啊！"

齐桓公听了这番话，认为乡下人说得很有道理，马上以隆重的礼节接见了他。这件事很快传开了，不到一个月，各地贤才纷纷前来，络绎不绝。

人永远不是孤立的，在合作中得到的力量是巨大的。虚心请教别人，请求别人的帮助，也是一种能力。有的人自以为是，总觉得别人都不如他，对别人的意见总是不理不睬，因此每当获得了成功，总会将其归于自己的聪明，而遇到了问题就抱怨别人太笨。这样的人往往没有朋友，也很难取得真正的成功。

团结友善常常是真正合作的前提。

团结友善，要求对待别人的时候，要和善，充满友谊和温情。人间充满真情才温暖。

在一个又冷又黑的夜晚，一位老妇人的汽车在郊区的道路上抛锚了。她等了很久，好不容易有一辆车经过，开车的男子见此情况，二话没说便下车帮忙。

几分钟后，车修好了，老妇人问他要多少钱，男子谢绝了她的好意，并说还有更多的人比他更需要钱，不妨把钱给那些比他更需要的人。

他们各自上路了。老妇人来到一家咖啡馆，一位身怀六甲的女招待立刻为她送上一杯热咖啡，问她为什么这么晚还在赶路。老妇人讲了刚才遇到的事，女招待听后感慨世上的好人难得。老妇人问她怎么工作到这么晚，女招待说为了迎接孩子的出世而需要第二份工作的薪水。老妇人听后执意要女招待收下200美元小费。女招待惊呼不能收下这么一大笔小费。老妇人却回答说："你比我更需要它。"

女招待回到家，把这件事告诉了她的丈夫，她丈夫大感诧异，世界上竟有这么巧的事情。原来她丈夫就是那个好心的修车人。

想得到爱，先付出爱；要得到快乐，先献出快乐；只要播种，终会收获。现代社会，合作常与竞争并行，合作中的竞争因其隐蔽性显得愈发激烈，但仍然要有一颗团结友善的心，在合作的前提下竞争。

永远坚持别人和自己在人格上的平等这一基本原则，这是合作的基础。否则，我们将在不经意间失去朋友的友谊、亲人的亲近。

关于平等待人，维多利亚女王与丈夫的故事堪称经典：

阿尔倍托和维多利亚女王夫妻感情和谐，但是也有不愉快的时候，原因就在于妻子是女王。

有一天晚上，皇宫举行盛大宴会，女王忙于接见贵族王公，却把她的丈夫冷落在一边。阿尔倍托很生气，就悄悄回到卧室。不久，有人敲门，房间里的人很冷静地问："谁？"

敲门的人昂然答道："我是女王。"

门没有开，房间里没有一点动静。敲门人悻悻地离开了，但她走了一半，又回过头，再去敲门。房内又问："谁？"

敲门的人和气地说："维多利亚。"

可是，门依然紧闭。她气极了，想不到以英国女王之尊，竟然还敲不开一扇房门。她带着愤激的情绪走开了，可走了一半，想想还是要回去，于是又重新敲门。里面仍然冷静地问："谁？"

敲门的人委曲又温和地说："你的妻子。"

这一次，门开了。

其实，只要我们平等地对待生活中的每个朋友、亲人、一面之缘的人，他们也会一样平等地对待我们。

如何培养孩子与人合作的习惯？我有以下几点建议。

- **教育孩子平等待人。**要帮助孩子做到对人不问出身，一律平等。在人格上，任何人之间都是平等的，这与一个人身外的荣誉、头衔、财富都没有关系。一个人即使身居高位，他也没有权利随便批评别人，即使他的能力比别人强很多倍，也没有权利嘲笑别人。

- **让孩子把助人看成平常的、自然的、必须的事**。父母首先要让孩子认识到，助人是一件平常的、自然的、自己必须做的事情。有人把助人看得很神圣，有人把助人看成很傻的事，有人把助人看得可有可无，还有人认为只有有了很多钱才谈得上助人。其实，助人只是件很平常的事情，平常得就像一听到谁需要帮助就觉得那是自己的事，根本不需要什么心理斗争，更不需要去辩驳那应该是谁的责任，而是立即行动起来。所以，父母要告诉孩子，助人的关键不在于拥有多少助人的资本，不在于多么善于分析事情的责任应该归谁，而在于是否立即行动了，做了些什么。

- **教孩子虚心**。教孩子虚心请教别人，就要让孩子在请教别人的时候诚心诚意，知之为知之，不知为不知，不要不懂装懂。而不是因为遇到了不会做的题目，就请别人代做，遇到了解决不了的问题，就请人代为解决。请教不是把自己的事情转到别人头上，而是为了更好地学习和完善自己。

  父母要帮助孩子认识到，虚心请教还要学会尊重别人的知识和能力。当别人谈论自己的见解时，不是带着一种要和对方一比高下的想法，总想插两句话，而是带着一种学习的想法，耐心地倾听。

- **培育孩子团结友善的精神**。告诉孩子，对待朋友的态度要友好，有时候还要以德报怨，把那些假想的敌人当成朋友，化解并非根本性的恩怨，更好地相处相容。"你让我一尺，我敬你一丈"，即使遭到别人的伤害和误解，也能采取忍耐、宽容的态度，化干戈为玉帛。

建议71：积极选择

积极，首先是一种心态，反映了一个人对事物持的是一种乐观、发展、前进的基本观点，而不是一种悲观、静止、无助的基本观点。只有抱着乐观、发展、前进的心态，才能够让人在做事情的过程中，始终保持着对未来的热情和渴望，始终坚韧不拔地向前努力。

积极选择的人，把命运掌握在自己手中，而不是交给外在因素。

山德士的事迹曾被无数人列为励志故事的典范：

那一年，山德士65岁，已是退休年龄。此后，每月唯一的收入便是从政府那儿领回的105美元养老金。但是山德士知道他制作的炸鸡深受顾客欢迎。何不把制作配方变成商品变成价值呢？但他这时有一个想法，就是想以这个炸鸡配方做一份事业，让更多的人吃到美味的炸鸡，于是他到印第安纳州、俄亥俄州及肯塔基州各地的餐厅，将炸鸡的配方及方法出售给有兴趣的餐厅。刚开始，几乎没有人相信这个靠救济金生活的糟老头，但是山德士并没有因此而放弃。经历了整整730个日日夜夜、1009次失败后，他终于听到了一声"同意"。设立在盐湖城的首家被授权经营的肯德基餐厅于1952年建立。令人惊讶的是，在短短五年内，"肯德基"在美国及加拿大已发展400家的连锁店，这便是世界上餐饮加盟特许经营的开始。山德士成功了！

如果山德士和其他退休的老人一样，把自己的命运交给政府发放的一点点养老金，而不去费尽心思把炸鸡配方变成商品出售，我们今天也许就吃不到"肯德基"，历史上也不会留下这样的故事了。

积极选择的人，对信念执着追求。

选择了一个信念，就等于选择了付出任何可能的代价。

古希腊有一位演说家，他本来讲话是结结巴巴的，为了成为演说家，他经常读文章练习讲话，他还每天到海边含着满口沙子，对着大海，大声地演讲，口腔都磨出了血……经过努力，他终于练出了好口才，成为一位有名的演说家。如果不自己去说去练，只依赖别人，他就永远是个结巴，当演说家的愿望就永远只是个梦想。

爱迪生在发明灯丝的过程中，前后实验了数千种材料，当别人问他失败了那么多次，为什么还不放弃的时候，他只是说，自己已经成功地证明了那些材料为什么不能用作灯丝，却不认为自己失败了。正是这种从失败中吸取教训的做法，才能让他在无数的挫折面前，始终保持着追求的动力，每次实验都像第一次，意味着希望和成功的开始，而不是又一次失败。

没有人能经得起多少失败—— 如果他把那些事情看作失败。但是任何人又都能经得起无数次失败的考验—— 如果那些失败只是一些经验积累的过程。

心理学家阿特金森认为，人的成就动机取向有两种：追求成功和避免失败。追求成功，就是把达到特定的目标，作为做事情的动力。只注重成功的美丽，而不考虑失败的后果，不怕失败，百折不挠，坚持到底。避免失败，就是做事情时，先周密考虑，直到自己有了很大的把握，才去动手。成功固然欣喜，但失败的后果也不可怕。

著名数学家、思想家、科学家牛顿和著名的数学家莱布尼兹分别独立地发现了微积分。虽然牛顿早就写好了相关的论文，但是由于对论文的正确性还不十分肯定，担心会受到批评，他一直不敢轻易将论文拿出来发表，直到后来莱布尼兹的论文发表出来以后，他才匆忙拿出来发表。这最终导致了一场旷日持久的关于微积分发明权的争论。在这件事上，我们看到了牛顿作为一代宗师内心中存在着害怕失败的心理因素。

而伟大的物理学家爱因斯坦在发表了狭义相对论和广义相对论后，名声远播。但在他生命的最后一段时间里，一直致力于研究四种性质的力的统一，而没有在他作为创始人之一的量子力学上进一步发展。普朗克有一次对他说，有一位物理学家因坚持研究一些非常困难的问题而成绩不大，但却发现了许多新问题。爱因斯坦感慨地说："我尊敬这种人。我不能容忍有些科学家拿出一块木板来，寻找最薄的地方，然后在容易钻透的地方钻许多孔。"确实，他就不是个喜欢容易的人。如果他的晚年致力于量子力学的发展，相信也会取得新的令世人瞩目的成就。尽管他最后没有完成所做的工作，但是他那种认定目标、不懈追求的科学探索精神，同样值得我们永远学习。

当有两条路摆在面前时，追求成功者愿意选择更神秘的那条，而避免失败者愿意选择更有把握的那条。尽管两种动机并不一定决定一个人的成败，但是不要过多地担心失败的后果，也不要太多地盲目追求成功，这对一个人脚踏实地取得发展和进步都是十分重要的。

正如鲁迅先生在其《拿来主义》一文所提到的，拿来主义者，对事物进行有批判的选择，取其精华、弃其糟粕。做事情的时候，我们常常要判断一件事情是否应该做、是否值得做、是否应当有所改变。

积极选择的人，懂得对错误的事情说"不"。美国教育家麦加菲在《成长的智慧》中讲了这样的故事：

小乔治问父亲世界上最难发音的字是什么字，父亲回答他说是"不"。乔治不以为然，觉得那像呼吸一样容易。第二天，乔治和往常一样去上学。离学校不远的地方有一个很深的池塘，冬天孩子们常在那里滑冰。那天冰已经覆盖了整个湖面，但还不是很厚。孩子们认为到下午就可以上去滑冰了。放了学，男孩子都跑到了池塘那儿，有几个已经走上了湖面。伙伴们大声叫乔治一起滑。乔治看到冰面冻得并不结实，有些犹豫。于是伙伴们讥笑他是胆小鬼，乔治受不了伙伴们的嘲笑，冲上了湖面。湖面上的孩子越来越多。突然间，冰裂了，乔治和另外两个孩子一起掉进了冰冷的湖水中。等到人们把他们救出来的时候，三个孩子都冻僵了。晚上，乔治醒过来，坐在温暖的炉火前。父亲问他为什么不听话，要到冰面上去，乔治说是伙伴们让他去的，自己并不想上去。父亲又问他为什么宁愿冒生命危险也不愿对人说"不"。乔治回答不上来，却有点明白为什么"不"字最难说了。

很多时候说"是"容易，说"不"难。人在更多的情况下是非理性的，而在非理性的那些时刻，人们拒绝正确的、应该的行为往往是那么轻而易举，所以，人们的生活里也就充满了错误、歉疚、后悔和遗憾。

如何培养孩子积极选择的习惯呢？我有以下几点建议。

- **帮孩子树立积极的信念和人生态度**。这是首要的一点，如果孩子没有积极向上的信念和人生态度，做什么事情都会提不起精神，不会主动追求成功，做事会害怕失败。父母应该有意识地让孩子多接触一些具有积极心态的人，让孩子从中获得感染。

- **与孩子一起选择积极、健康的生活方式**。选择健康的生活方式也是一种积极的选择。如果孩子的同学之间正在流行两种活动，一种活动是玩电子游戏，另一种活动是进行体育锻炼。参加前一种活动的人比较多，而进行体育锻炼的人则寥寥无几，父母应该客观地为孩子解释两种活动对人的影响，鼓励孩子进行积极的选择。

- **让孩子学会说"不"**。我们大人说"不"都很困难，更何况孩子呢？父母要告诉孩子，对不正确的事情，就应该说"不"，而不是得过且过，随波逐流。

- **在孩子感到困难的时候鼓励他坚持到底**。有的时候，孩子做事情遇到困难，不愿意再坚持。这时父母一定要鼓励他继续，告诉孩子不要因为一时的困难而放弃，成功就在不远处。

- **鼓励孩子参与集体活动**。孩子在集体活动中常常会变得积极一些，父母应鼓励孩子为他人服务，或者成为团队的领导者。

- **形成乐观向上的家庭氛围**。父母积极选择的心态对孩子的影响是潜移默化的。如果父母遇事乐观、冷静，凡事往好的方面思考，就会给孩子带来正面的引导。相反，如果父母遇事悲观，一有问题就像天塌了一般，一遇到困难就退缩，孩子也就很难积极起来。

建议72：按规则做事情

按规则做事情的习惯，是指做事情有规律，按照客观需要和现实要求去做，而不是只一味地凭自己的想象，想怎么干就怎么干。有所成就的人，多数做事情都讲究规则，特别是那些最简单的规则。

没有规矩不成方圆。只有每一个人都遵守公共规则，按规则办事，世界才能保持应有的秩序，平稳地向前发展。

孙云晓教授经常在演讲中提到这样的故事：

有位颇有名气的企业家到香港办事，他住的地方到停车场要经过一段"S"形草地。一天，因出门晚了，他便走直线从草地越过栏杆上车。一位年轻的香港警察发现后，立即走了过来，很有礼貌地给他撕了张处罚280元港币的罚单。他只好向警察"认错、赔不是、作解释"且保证"下不为例"，之后，便收起罚单开车走了。谁知，一周后却收到了法院的传票。早已把此事置于脑后且认为问题当时已经解决的他，感到莫名其妙。询问律师方知，"按香港法律，一个星期不到指定地点交罚款，法院就传你，再不理睬，就要拘捕你。"听到这里，他请求律师帮忙"疏通"一下。可律师告诉他："我不会去疏通。最好的办法，就是老老实实认错受罚。"他没辙，开庭那天面带微笑老实认错。岂料，一看罚单却多了一倍，感到不解。法官解释说："违反了法规，自己也承认，可是见法官就笑，这本身就是藐视法庭，所以加重处罚。"听后，他无言以对，备受震动。

也许有些人会觉得这些警察、律师、法官太过于小题大做，甚至觉得不可思议。其实，对于社会秩序的维护者而言，这种严格按程序办事的精神是至关重要的。推广开去，要保持社会的平稳有序，需要每一位成员在何事何地都要严格按规则办事。

按规则做事，虽然有时候显得不太灵活，但可以帮助我们的大脑不至于因为太不按规则做事情的危害往往不易察觉，只有发生了问题的时候，才会发现其严重性，但往往为时已晚。

根据全球各交通和警察部门的统计，2003年全世界交通事故死亡人数为50万人。其中中国交通事故死亡人数为10.4万人，印度、美国、俄罗斯紧随其后，分别为8.6万人、4万人和2.6万人。目前，我国的道路交通事故死亡人数在全国总死亡人数中排在脑血管、呼吸系统、恶性肿瘤、心脏病、损伤与中毒以及消化系统疾病后面，居第七位，而全世界的道路交通事故死亡人数在总死亡人数中居第十位。

交通事故为什么造成这么多人死亡，造成众多家庭的悲痛？这与人们不遵守交通规则是密不可分的。人们常说："不遵守交通规则，不一定发生交通事故，但是发生交通事故，一定有人不遵守交通规则。"对社会大众来说，交通规则并不复杂，但是做到完全不违反交通规则的又有几个人呢？

按规则做事的人，对规则有清楚的认识，会在规则范围内行事，而不是处处超越规则，做"特殊人"。

公平是一项重要的做事规则。有的人常常通过权力、金钱、关系等谋取一些不正当的特殊利益。这种做法就严重违反了公平的规则。对孩子来说，尝试破坏公平规则的做法，只会对其成长带来不利。

诚实也是一项重要的规则。一个社会只有讲求诚信，才能良好地运转下去。

《大连日报》的"金石谈"专栏曾刊载了"做好道德准备"一文，文中提到这样的故事：

有一名在德国的中国留学生，毕业时成绩很优异，但在德国求职时，被很多家大公司拒绝，于是选了一家小公司去求职，没想到仍然被拒。这位留学生想知道是什么原因让他遭拒的。德国人给留学生看了一份记录，记录他乘坐公共汽车被抓住过3次逃票的经历。

德国老板说："从你的材料上看，你确实很优秀，而且我们也很需要一个像你这样有能力的人才。但是，我们发现你竟然有过三次逃票被抓住的记录。第一次，被抓住的时候，你解释说自己是刚刚到这里，对乘公共汽车的规则还不熟悉，售票员相信了你的话，只是让你补票了事。但是后来又有两次，怎么解释呢？我们认为一个人在三毛两角的蝇头小利上都靠不住，还能指望在别的事情上信赖他吗？"

在德国抽查逃票一般被查到的概率是万分之三，这位高才生居然被抓住3次逃票，在严谨的德国人看来，大概那是永远不可饶恕的。

在一个成熟的社会里，只要有证据表明你是一个信誉良好的人，信誉就是你的通行证。而讲规则，确是能让人获得更高信誉的法宝。

如何帮助孩子养成按规则做事的习惯呢？我有以下几条建议。

- **教孩子了解基本的规则**。如基本的交通规则、学校的各种规章制度等。父母可以通过形象的比喻为孩子讲解为什么要有规则，人们不遵守规则会有哪些后果等等。

- **不让孩子做"特殊人"**。父母要让孩子形成规则意识，学会在规则范围内行事，而不是处处超越规则，做"特殊人"。孩子如果老是享受到特殊待遇，就会无视规则的存在。

- **注意小节，给孩子树立好榜样**。父母一定要注意小节，遵守生活、工作中的各种规则，给孩子树立一个好的榜样。比如即使是在深夜，没有什么车辆经过，也一定等到绿灯亮了再过马路；再比如答应别人的事情一定要做到；再比如不通过任何不正当手段获取利益等。

建议73：坚持锻炼身体

据研究结果表明，凡运动能力发展良好的儿童，其社会化的质量也好；相反，凡运动能力发展迟缓的儿童，其依赖性强，社会性也欠缺。

我们都知道，人是要有坚强的意志的，否则无论是生活还是工作，都很难成功。坚强的意志要从小就开始培养。而对于孩子来说，任何一项体育活动都要付出努力去克服比日常生活更多一些的困难。例如体育锻炼和体育游戏活动，要求孩子完成一个比较难的动作或完成一项复杂的游戏任务，扮演一个主要角色及遵守共同的约定等，都要控制自己的任意行为。所以，很多教育家和科学家认为，体育活动是培养孩子有坚强的意志、勇敢、积极向上等良好品质的极佳手段。

培养孩子坚持锻炼身体的习惯，最主要的是培养孩子对体育的兴趣。

孩子正处于生长发育和素质发展的敏感期，可塑性大，最容易接受成人的引导与训练，所以，此时正是养成自觉锻炼身体习惯的好时期。如果错过，随着年龄的增长，由于受旧习惯的干扰，新习惯将难以形成。

但这一时期，很多孩子可能把主要的精力都放在学习上，父母和老师的压力也让他们不得不如此。可是，只有身体好了，孩子学习起来才会更加轻松，而且也并不是说，进行体育锻炼就一定会耽误学习。

中国近代气象事业创始人之一竺可桢在中国科学发展史上的成就，离不开他从小就坚持进行的体育锻炼：

竺可桢小学毕业时，他的才学和求知精神，在同龄人中都是一流的。然而，他的个子和体重却比同龄人要差很多，显得又瘦又小，好像没发育过似的，成了同学们冷嘲热讽的对象。

有一天，在教室的走廊里，迎面走过来几个同学，在经过竺可桢身边的时候，几个人嘻嘻哈哈、挤眉弄眼，其中一个人大声挖苦道："这副小身材，一遇台风准得飞上天。"

另一个接着说道："好一个寒酸的小矮子，准保活不过20岁。"

听到这些话，竺可桢十分气恼，真想走上前去狠狠地回敬他们几句，可转念一想：谁叫自己长了这么一副单薄的身子骨呢。

晚上，竺可桢躺在床上久久不能入睡，白天同学们说的话一遍又一遍地在耳边回响着，竺可桢想：既然自己立志要为国家出力，想将来成为一个对国家、对社会有用的人，就得有一个好身体，就得首先战胜自己病弱的身体。"对，男子汉想到就要做到。"竺可桢立马从床上爬起来，连夜制订了一套详细的锻炼身体的计划，还手写了一条"言必行，行必果"的格言，作为警句贴在宿舍里最明显的地方，时时地提醒自己。

从那以后，竺可桢每天天一亮就从床上爬起来，到校园里跑步、舞剑、做操。即使遇到大雨天，也从不间断。

虽然竺可桢开始锻炼身体并不是父母的要求与培养，而是源自他对别人嘲讽的一种反抗，但在锻炼的过程中，他逐渐培养起对体育锻炼的兴趣。不久，竺可桢的体质明显地有了好转，以前请病假是很常见的事，自从锻炼身体后再也没有请过一次病假，学习的精力更充沛了。

当然，引导孩子锻炼时无须用培养专门人才的方法进行训练，只需让孩子参与普通的锻炼即可。因为锻炼是为了培养孩子的体育爱好，让孩子在体育锻炼中感受到运动的乐趣，感受到运动给人带来的青春活力，让他们以更乐观豁达的心情对待学习、对待生活，这就达到了锻炼的目的。

引导孩子坚持锻炼身体，还要帮助孩子养成热爱体育锻炼的生活方式，把体育锻炼变成孩子生活中不可或缺的一部分。

首先，体育锻炼能促进孩子智力水平的发展。大脑思维的灵活与肢体的灵活性是相联系的，一个行为迟钝的人是不会学习超群的。有一些有学习问题的孩子，他们的视觉跟踪力差，阅读计算时常常出现丢字、串行、看错数的情况，这和他们的眼肌控制能力差有关。而大脑对眼肌的控制，必须是在充分的活动中发展。像一些有追踪目标的运动和投掷类运动都对我们眼肌的发展有直接作用。还有注意力的问题，有很多孩子的注意力不能很好地集中，因为他们的内耳前庭发展不平衡，这导致他们处于情绪不安稳的状态，严重影响了他们上课听讲的效果。内耳前庭的发展，正是在奔跑和悠荡中实现的。

其次，通过体育活动可以培养和塑造孩子良好的个性心理。因为参加体育运动本身就必须克服困难，遵守竞赛规则，制约和调控自己某些不良的个性品质。

再次，体育可以增进快乐，调节情绪。如果孩子经常进行体育活动，大脑会分泌出一种叫作内腓肽的物质，科学家称之为快乐素，它能使人产生愉悦。

还有，适当的体育锻炼可以促进血液循环，保障骨、脑细胞充分的营养，从而促进长高激素分泌及肌肉、韧带和软骨的生长。

引导孩子坚持锻炼身体，也是引导孩子在运动中获得更多成长的机会。

运动中需要伙伴，孩子们在运动中还能学会与他人沟通和相处，成为一个善于与人沟通和相处的人，为孩子以后的成长带来很多意外的机会。因为现代社会，成功的机会就在于与人沟通。

另外，如果孩子在体育锻炼中发现了真正热爱并且想一生从事的行业，这何尝又不是我们人生的机会呢？体育史上，就有很多在小时候的体育锻炼中发现自己的特殊才能而成为优秀运动员的人。

况且，身体是革命的本钱，健康的身体是一生中工作、学习的有力保障。有健康才有希望，健康是一切事业的基础。

如何培养孩子坚持锻炼身体的习惯呢？我有以下几点建议。

- **从体育游戏开始**。体育游戏是孩子们最主要的体育活动内容，也是孩子最喜欢的活动。在游戏中锻炼身体素质、发展基本活动能力的同时，也能满足孩子的心理和身体需求。

  体育游戏中有发展各种能力的动作游戏，如"捉人"游戏能发展跑的能力；"运西瓜"游戏能发展抛接球的能力；"走钢丝"游戏能发展平衡能力；"小猴摘桃"游戏能锻炼跳跃能力；"小熊猫钻山洞"游戏能发展钻爬能力，等等。

  还有使用玩具的体育游戏，不仅使孩子心情愉快，对运动产生热情，而且有助于增强他们的体能。玩具也常常是孩子和其他小伙伴结识的途径，在这之间产生的友谊也能使他们更加热衷于运动。

  皮球、绳、沙包等是孩子喜欢的体育活动玩具。他们在操作这些玩具的同时，也能发展视觉、触觉。在身体前后左右移动的过程中，他们能变得更灵活更敏捷，提高对空间和时间的感知能力，也有利于增强他们的反应能力。

- **尽量做到活动多样化**。很多孩子总是习惯于玩某一种游戏或者是进行某一种单一的运动项目，特别是在刚学会某种运动之后，由于一时的兴趣，会特别热衷于这一种游戏。但是，这种运动习惯并不好，一来容易让孩子产生疲劳，二来不能锻炼到身体的各个部位。

孩子正处于生长发育的过程中，身体各部位未发育成熟，未定型，如果长时间只进行某一种运动的话，就容易造成某个相应的部位特别发达，这对于他们身体的整体协调发展是不利的。所以运动要多样化，双腿既要走、跑，也要有蹲，身体有屈也要有展，两臂有伸有振也要有举，各种动作配合进行，才能促进身体的全面发展。

- **锻炼要经常，天天都需要。** 增强体质，提高身体各器官的生理机能，以及形成正确的动作技能，并不是偶尔活动活动就可以实现的，要通过经常反复地锻炼，长期积累才能获得。很多人也有锻炼的想法，可就是无法长期坚持，三天打鱼，两天晒网，后来就不了了之。这样，锻炼身体的习惯当然无法养成。还有一些人，春暖花开和秋高气爽的时候，他们还是可以坚持每天进行锻炼，可是一到夏天太热或是冬天太冷的时候，他们就停止了锻炼，其实这种做法也是不可取的。虽然孩子们在春天和秋天进行的锻炼是有效的，但是中间隔了夏天和冬天，取得的那一点成绩就退回原地了。总之，正确的和行之有效的体育锻炼很重要的一点就是经常锻炼，最好是做到每天进行。

- **循序渐进。** 有很多人刚开始进行体育锻炼的时候，心态不是很好，恨不得一下子就达到专业运动员的水平。所以常常违背体育锻炼很重要的一条原则，那就是必须循序渐进。对于孩子来说更是如此。因为他们年龄小，肌肉嫩，耐力相比大人来说要差一些，心脏负荷相对来说也要小一些。所以，任何动作都应逐渐适应，慢慢掌握。每项活动量也要逐渐加大，而不要操之过急。当孩子刚开始进行体育锻炼时，强度不要太大，只要有些微汗，面部觉得有些发热，动作协调，这个活动量就是合适的。

- **指导孩子按照年龄与身体特点进行运动动作的选择。**

走、跑动作的变化可参考下文。

变化路线——直线走、后退走、横向走。

变化活动的方向——向前走、后退走、横向走跑。

变化身体的重心——脚尖走、脚跟走、半蹲走、脚内侧或外侧走或跑、高抬腿、踢臀走或跑。

变化节奏走、跑——快节奏、慢节奏、快慢交替走或跑。

变化动作的幅度——大步走或跑、小步走或跑、跨步走或跑，等等。

跳跃动作可参考下文。

原地向上跳——跳起顶物(比如小布球等),跳起触摸玩具等。

从高处向下跳——高度一般伴随着孩子的年龄变化而变化,从10～40厘米不等。

原地向四面跳——双脚向前跳,向后跳,向侧面跳。跳时,因为身体用力方向不一样,可以培养孩子随机调节自己身体的能力。

连续跳——双脚或单脚都可以做,一般有连续向前跳、连续向后跳、向左或向右跳等,也可以模仿小兔子跳或是小青蛙跳。

投掷动作可参考下文。

孩子平时玩的掷沙包就是一种很好的投掷运动。掷飞机的游戏也可以。在体育课上,也有很多投掷运动,比如铅球、铁饼和标枪等。不过平时在进行这些运动项目的时候,一定要把安全放在第一位,无论是自己的安全还是别人的安全都要考虑到。

发展平衡能力的动作可参考下文。

平衡是人的基本活动能力之一,平衡能力会影响到孩子参加各种活动。平时锻炼平衡能力的机会是很多的,比如平时走路的时候沿着马路、沿着台阶走。平时体育课上,也有很多发展平衡能力的项目,比如平衡木、跳马等。切记这些项目一定要在有专业人员指导的时候才可以做,因为危险性较高。

建议74：节约每一分钱

"成由勤俭，败由奢"，中华民族历来倡导厉行节约，节约成了中华民族的传统美德，然而，现在的很多家庭正渐渐忽略了培养孩子节约的好习惯，这是很危险的。

当今社会，生产力水平不断发展，人民生活水平不断提高，我们当然也有条件追求更美好的生活，可以吃得越来越好，穿得越来越美，用得越来越现代化，但绝不意味着可以随便浪费粮食和各种物品。任何浪费都是对劳动的亵渎，对人的尊严的亵渎。节约是永远不能丢弃的美德。

石油大王约翰·洛克菲勒，是美国19世纪的三大富翁之一。他一生至少赚了十亿美元，捐出的就有七亿五千万，但他平时花钱却十分节俭。有一次，他下班想搭公车回家，缺十美分零钱，就向他的秘书借，并说："你一定要提醒我还你，免得我忘了。"秘书说："请别介意，十美分算不了什么。"洛克菲勒听了正色说："你怎能说算不了什么？把一美元存在银行里，要整整两年才有十美分的利息啊！"

节约并不是说要把我们的生活拉回到以前那种贫困的日子。那么，衡量是否节约的标准是什么呢？每个家庭与个人的消费水平不同，但关鸿羽教授提出的以下三个原则都是通用的：

第一，是否高效益地使用金钱财物，合理消费，用所当用；

第二，是否有利于人的发展，有利于人的身心健康，有利于良好品德的发展；

第三，是否杜绝了奢侈浪费和享乐主义。

对于孩子们来说，节约的内容主要包括以下三点：

● 节约粮食、水电，不随意浪费；

● 爱惜玩具、文具、图书、衣物及其他物品；

- 节制不合理的欲望，不该买的东西不买。

节约是受用一生的美德。节约的教育是人生最好的教育。

《中国德育报》上曾刊登"最好的教育"一文，讲了一个青年打工者的故事：

一个青年来到城市打工，不久因为工作勤奋，老板将一个小公司交给他打点。他将这个小公司管理得井井有条，业绩直线上升。有一个外商听说之后，想同他洽谈一个合作项目。当谈判结束后，他邀请这位也是黑眼睛黄皮肤的外商共进晚餐。晚餐很简单，几个盘子的菜都吃得干干净净，只剩下两个小笼包子。他对服务员说："请把这两个包子装进食品袋里，我带走。"外商当即站起来表示明天就同他签合同。第二天，老板设宴款待外商。席间，外商轻声问他："你受过什么教育？"他说："我家很穷，父母不识字，他们对我的教育是从一粒米、一根线开始的。父亲去世后，母亲辛辛苦苦地供我上学。她说，'俺不指望你高人一等，你能做好你自个儿的事就中……'"在一旁的老板眼睛湿润了，端起酒杯激动地说："我提议敬她老人家一杯——你受过人生最好的教育！"

美学大师朱光潜说："有钱难买幼时贫。"现在的孩子大多数都是独生子女，父母总是尽一切所能为孩子创造最好的生活条件，所以也造成了很多孩子不懂"节约"二字，只要求吃好的，穿好的，玩具越多越好，越高级越好，却不懂得粮食、衣服和玩具等物来之不易。

北宋杰出的史学家司马光著述宏丰，其名著《资治通鉴》是我国一部很有价值的历史著作。他的生活十分俭朴，工作作风稳重踏实，更把俭朴作为教子成才的主要内容。为了使儿子认识崇尚俭朴的重要，他以家书的体裁写了一篇论俭约的文章，强烈反对生活奢靡，极力提倡节俭朴实。司马光不断告诫孩子读书要认真，工作要踏实，生活要俭朴，表面上看来皆不是经国大事，实质上却是兴家繁国之基业。正是这些道德品质，才能修身、齐家，乃至治国、平天下。司马光"由俭入奢易，由奢入俭难"的警句，已成为世人传诵的名言。在他的教育下，儿子司马康从小就懂得俭朴的重要性，并以俭朴自律，历任校书郎、著作郎兼任侍讲，也以博古通今、为人廉洁和生活俭朴而称誉于后世。

如何帮助孩子形成节约的好习惯？我有以下几点建议。

- **提醒孩子花钱有节制，不要挥霍浪费。**孩子手里的零花钱多是父母给其准备的每天的开销，比如乘坐公车或是备其他的不时之需。但是很多孩子总是随意花费这些钱，买许多根本不必要的东西，造成金钱上的浪费。父母应该提醒孩子，在买某一件东西时间一问自己，这件东西是不是非买不可？如果答案是否定的，那么就不要买了。

还有的孩子觉得钱很重要，不能随便浪费，可是对于衣物、食品、玩具和文具等，却没有节约的观念。铅笔还有一大截就不要了；草稿纸上零零碎碎地画了一点东西就扔了；不想吃的饭菜说倒就倒了；牛奶不爱喝就倒掉……这都是巨大的浪费，同样不利于孩子形成节约的习惯。父母一样要提醒孩子。

- <u>**指导孩子做支出计划表**</u>。很多孩子花钱没有计划和安排，常常寅吃卯粮，到最后，才发现已经陷入了困境，又会转过头来跟父母要钱。父母要注意两点：一是不能无节制地给孩子零花钱，最好每个月是固定的数额；二是给孩子支配零花钱的自由，但要对其进行指导。比如说指导孩子做一个支出的计划、表格等。

- <u>**告诉孩子赚钱并不是一件容易的事情**</u>。有的孩子觉得钱来得很容易，因此大手大脚，买什么都要买最好的。这一方面有孩子的问题，一方面也和父母的教育有关，有些父母不愿意告诉孩子自己赚钱是一件辛苦的事情，只要求孩子学习好。父母越是这样，孩子越不懂得父母的辛劳。父母不妨告诉孩子，赚钱并不那么容易。

建议75：科学饮食

所谓科学饮食的习惯，是指按照人体正常的发育、发展需要来合理安排所需食物和各种饮品，它包括食物的种类、品质和数量等方面。科学饮食是要使人们的身体既不能出现营养不足，也不能出现营养过剩，达到这两点要求的饮食，才算是科学的饮食。

孩子饮食习惯不好对身体的影响是很大的，父母要注意培养孩子好的饮食习惯。

中国儿童中心宋广林教授是这方面的权威，在编写《教育就是培养习惯》时，我专门请关鸿羽教授写了专题文章。本文在此基础上进行了进一步的阐述。

科学饮食的首要要求是食物种类全面。

全面的食物种类才能保证营养物质的全面。挑食对人有害无益。

人类是一种杂食动物。杂食可以保证营养物质的全面，使各种营养成分互相补充，以达到更好的营养效果。杂食还可以刺激消化系统，使各种消化功能保持旺盛。

人应该是五谷杂粮、鸡鸭鱼肉、水果蔬菜、粗粮细粮、家禽野味、酸甜苦辣、葱姜大蒜，无所不食。只有这样，才能保证身体健康。但是，有很多孩子却挑食择味，这也不吃，那也不吃。

饮食种类不够全面会使人缺乏一些必需的营养物质，各种食物所含营养成分不同，多种食物同食可以互相补充。比如蛋白质可以分解出很多种氨基酸，最基本的不过二十几种，且有相当一部分是人体不能合成的，要由食物供给的必需氨基酸有八种。各种含蛋白质的食物所包含的必需氨基酸种类不同，混合饮食就可以保证所有的必需氨基酸的供给。挑食可能造成某种必需氨基酸的缺乏，只要体内缺乏一种必需氨基酸，人就会生病。其他各种营养物质同样需要混合食物全面供给。

另外，挑食还可能降低食物中各种营养成分的互相促进作用，不利于食物营养作用的充分发挥。比如一斤白面所含蛋白质的营养价值为67，玉米和黄豆分别为60和64，如果一共吃一斤的白面、玉米和黄豆各占31%、21%和48%的混合面，其营养价值可以提高到70。如果再加食牛肉，其营养价值可以进一步提高到89。杂食可以起到1＋1＝2的作用。医学上把食物这种能够相互提高营养价值的现象称为互补作用，挑食不可能发挥食物的互补作用。

挑食还可能使孩子产生一种特殊心理，养成对周围事物挑剔的不良习惯。这对孩子身心的全面发展会造成不良影响。

科学饮食的第二个要求是定时、定量进餐。

有些人一忙起来就顾不上吃饭，或者周末懒得起床做饭，饥肠辘辘也要蒙头大睡至中午，总是不能按时进食，以致有时胃长时间得不到食物，有时又一下子塞得满满的，日积月累，肠胃机能就会衰退。因此，为了保持和增强胃肠活动的功能，养成按时吃饭的习惯是很有必要的。

有的人在吃喝方面没有节制，见到好吃的就吃很多，特别是孩子，缺乏自制力，一到过年过节的时候，就大吃大喝。人的胃就像一个皮球，能缩小能涨大，但是它的涨大是有一定限度的。如果吃得太多，胃的负担过重，就会受伤。况且，胃肠产生消化液是有一定限度的，吃得太多，消化液不够用，食物的消化就不完全，就会出现毛病。因此，吃饭要有一定的量，不要一下吃得太多。

另外，人的胃是平滑肌组成的肉口袋，能不断地蠕动，使食物与消化液充分混合，变成很细很软的食糜，再送到肠里进行消化和吸收养料。如果吃得过多，会使胃完全丧失蠕动的能力，发生急性扩张，抢救不及时，还会发生生命危险。

科学饮食的第三个要求是食物清淡少盐。

钠是维持人体渗透的主要物质，严重缺乏可发生心力衰竭、肺水肿和脑水肿，最终引起死亡。而食盐中就含有丰富的钠，在平常的饭菜中加入食盐对维持人体健康乃至生命至关重要。不过，吃盐也要适度，过多也会影响人体健康。

我国幅员辽阔，不同地区居民饮食习惯也千差万别。就口味而言，素有"南甜北咸东辣西酸"之说，北方居民口味厚重，食盐摄入量比南方居民高得多，高血压、冠心病和脑血管病也明显高于南方居民。

人的口味更多的是习惯，婴儿时期一般并不喜欢咸味，之后的口味习惯主要是随着家庭和社会饮食习惯逐渐养成的。为了一生的身体健康，从现在起，就要养成清淡少盐的饮食习惯。

如何帮助孩子养成科学饮食的习惯？综合专家的建议，可归纳为以下几点。

● **早餐马虎不得。** 按照机体需要，三餐中早餐应该吃得最多、最好，午餐次之，晚餐可以少吃些。但是，我们中国人的习惯却正好相反，晚餐吃得多，早餐吃得少。

孩子正处于生长发育的时期，体内能量消耗得更快，贮存的营养物质更少，营养物质的供应更要及时。因此，早餐需吃好、吃饱。不少孩子因为不吃早餐或吃得太少又不好，每到上午10点到11点便会感到体力不支，脑力也不易集中，影响听课效果。个别人甚至会发生头晕、眼花、出冷汗、心跳等低血糖症状，乃至发生昏厥，直接影响身体健康。

不吃早餐或少吃早餐是一种不好的生活习惯，为了孩子的身体健康，父母应该十分注意重视早餐的重要性，帮孩子准备丰富而有营养的早餐。

- **让孩子坚持每天喝牛奶。**儿童身长的增长，主要靠骨骼的增长，这就需要人体摄取大量的钙。另外，骨骼在增长甚至停止增长之后，都在不断地进行钙化过程，使骨密度不断增加，这都需要钙。因此，为了促进孩子长高，预防和减轻孩子年老时骨质疏松，从现在起就要保证骨骼生长和钙化年龄阶段的膳食钙供给。父母要注意给孩子补充足够的钙，每天喝牛奶就是最好的方法之一。

- **让孩子多吃蔬菜和水果。**蔬菜、水果中不仅包括多种维生素，还包含多种矿物质、微量元素和膳食纤维，是维生素片所不能代替的。很多孩子现在就便秘，究其原因是动物性食品和精细粮食吃得多，而蔬菜水果类吃得不够造成的。粪便含量最多的是膳食纤维，如果摄入量不够，必然造成粪便量太少，从而导致便秘。便秘对人体的危害不仅在于使人腹胀不适，不思饮食，以及总有欲便不便的痛苦感，还可使粪便中的有害物质过分吸收，肠道内有害细菌大量繁殖，损害身体。

- **常吃豆类食品和豆制品。**豆类中不仅含有丰富的蛋白质，还有丰富的钙质。虽然吃鱼、禽、蛋、肉可以满足蛋白质的需要，但是，这些都是动物蛋白，而豆类中的蛋白质则为植物蛋白，动物性蛋白和植物性蛋白均匀摄入会更好。而且我们的日常饮食中钙的摄取量还差很多，为了解决膳食钙营养，最好让孩子天天喝牛奶和多吃豆类食品和豆制品。

- **少喝含糖饮料，不喝咖啡和可乐。**很多孩子爱喝果汁饮料，其实这是不好的习惯。因为果汁饮料中含有相当多的人工色素，过量的人工色素进入人体，容易沉着在消化道黏膜上，引起食欲下降和消化不良，还会干扰体内多种酶的功能，对人体的新陈代谢和体格发育造成不良影响。并且，由于含糖量过高，孩子容易从中获得不少热量，从而影响进食。长此以往，就会导致营养不良。

咖啡的主要成分为咖啡因。这与医学上用作兴奋剂的咖啡因为同一种物质。嗜饮咖啡对正在发育中的青少年来说是非常不利的。它的危害主要表现在：

一是容易使人急躁，影响学习效率；

二是可引起食欲下降，失眠，记忆力减退；

三是破坏儿童体内的某些维生素；

四是引起肠痉挛，并且造成钙的流失，导致身材矮小。

可乐对正在生长发育的中小学生来说，造成的危害与咖啡和含糖饮料是一样的。

所以，为了孩子身体的健康，父母在日常生活中一定要对这些饮料加以控制。为了满足孩子对果汁的偏爱，家里可以自制一些果汁和蔬菜汁，不加色素和香精，少加糖，孩子在饮用中既能获得足够的维生素、矿物质和微量元素，又能保持清洁、卫生，何乐而不为？

- **不乱用保健品**。父母为了让孩子有更强健的体魄，更聪慧的头脑，经常买一些所谓的儿童营养品来给孩子吃。所谓儿童营养品，可以理解为除膳食以外的儿童加工食品。可是对于什么是儿童营养品，很多父母并不是很清楚。保健品包括保健食品、保健药品和保健器具三类。对于保健食品，不少人以为人人用了都会有益无损，都会增进身体健康，这是不正确的。保健食品是根据不同人群的需要而生产的，也就是说，不同保健食品适宜食用的人群是不同的，它不像普通加工营养食品那样，人人都可以食用。所以，父母帮孩子挑选保健食品一定要慎重，不能单纯凭着感觉走，也不能只跟着广告走。其实，只要是做到了科学的饮食，那些所谓的保健品一般来说是不需要的。

建议76：克服盲目攀比、炫耀

所谓盲目攀比和炫耀的习惯就是在认识不清的情况下，不顾实际情况与别人进行比较，向人夸耀。这是当代中小学生中比较常见的一种不良习惯。父母要警惕孩子盲目攀比、炫耀。

人们有种种的需要，但不可能一一都得到满足，有的人心里就会产生不平衡感，于是用盲目攀比、炫耀来寻求平衡。这是很不明智的。

乔治·瑞夫斯写了一个寓言故事，其深刻寓意令人深思：

有一天，动物们决定做一件伟大的事，以便迎接所谓"新世界"的诞生，所以它们创建了一所学校。学校里开设的活动课程包括跑步、爬行、游泳及飞行。为了方便管理，所有的动物都参加了每一项课程。

鸭子在游泳项目上的表现非常杰出，甚至比老师还优秀，但在飞行方面，它的成绩很糟糕，跑步的成绩更是惨不忍睹，因为它跑得太慢。所以放学后它必须放弃游泳，留下来练习跑步，它持续地练习，以至于它那有蹼的脚都磨破了，但仍然只有游泳一项及格。但是及格的标准只适用于学校，所以除了要上学的鸭子外，没有人在乎这件事。

开始时，兔子跑步的成绩在班上名列前茅，但不久后，它因为游泳前烦琐的化妆工作感到神经衰弱。

小松鼠本来在爬行课程上表现优异，直到有次上飞行课时，老师要求它以从地面起飞取代从树梢滑落，给它心理上造成极大的挫败感。后来它因运动过量导致肢体痉挛，使它在爬行及跑步课程中只得了70分，刚及格。

其实很多人跟这些小动物一样，如鸭子一心想学习跑步，松鼠拼了命地要学会飞行。最后的结果是，它们的身体和心灵受到了双重打击。我们中的很多人，和它们一样，一心想要追求自己没有的东西，只会使自己在精神上产生挫折感，最终失去自我。

我们每一个人都是消费者，为了生存，大家都需要钱，有了钱才能够满足自己所有的物质需要。可是很多人经常因为钱不够用而感到沮丧，并去羡慕那些比自己更有钱的人。他们认为幸福来自于钱，没有钱就没有幸福可言。

对于当今这一代孩子来说，他们比以往任何一代人对经济、金钱的了解要多得多，他们越来越有自己的想法，有越来越多的物质需要，却两手空空没有收入，当他们的愿望无法得到满足时，就常常会去盲目攀比、炫耀。还有的孩子，什么事情都有爸爸妈妈在前面冲锋陷阵，从不知道生活疾苦，也容易陷入盲目攀比、炫耀的怪圈。

这样的例子很多：

比如有的孩子追求一个与其他同学一样高级的国外进口的文具盒，可是因为自己家里并没有这样的经济基础而备感痛苦。

再比如有一个小学高年级的学生和妈妈逛商店，看中了一个很昂贵的东西，就要求妈妈给买下来，妈妈对他说自己没有钱，可是这个小学生说妈妈的钱包里有钱，妈妈把钱包拿出来告诉他钱不够，他马上说那银行有钱，当妈妈对他说银行的钱不是自己家的时，这位同学怎么也不肯相信妈妈的话。

还有一个小学五年级的学生，在班上是一个很积极的学生。有一天老师发动大家向灾区捐款，他马上站起来对老师说自己家有钱，他可以捐款。老师问他捐多少。他说捐10万，他知道10万块钱是一个很大的数字，是别的同学都不会捐的。当晚回家他就对爸妈说了这件事，让他们把钱给自己，他父母一听惊呆了。因为这10万块钱是他们准备装修房子的钱，可是儿子却并不知道这个钱的用途，更不知道这10万块钱是父母辛苦工作了几年才攒下来的，在他的眼里，父母赚钱似乎是很容易的事，因为他从来没有听到父母在他面前谈论过挣钱不易。只是听父母提到过这10万块钱，于是就答应要捐出去。结果害得父母很不好意思地去向老师解释。

盲目攀比有许多表现形式。

第一，盲目攀比、炫耀自己的穿戴。

这一点在很多孩子身上表现得非常明显。可能有很多人会说，孩子嘛，无外乎是穿些运动服、运动鞋之类的，那会花掉多少钱啊？其实不然，虽然很多孩子可能不会去买那些高档的西装礼服，但是，如果真的讲起穿戴，可能会让很多人出乎意料。很多孩子对于各种衣服的品牌说得头头是道。光知道还不算，同学之间比着看谁的衣服牌子更硬，谁的鞋子更贵。就拿孩子们穿得最多的运动服来说吧，现在已经有好多孩子开始有品牌意识，不是名牌不穿，不是当红的明星做代言人的品牌衣服不穿。更有甚者，连国内的衣服也不穿了。

有很多孩子不仅要比谁的衣服牌子更响，还比较衣服是不是自己或是周围同学心中最喜欢最红的明星代言的。这种情况带来的盲目性更大。比如今天喜欢这个明星，就一定会去买他代言的衣服，明天又喜欢另一个明星或是另一个明星更有号召力了，就会去买另一个明星代言的衣服。就这样，可能差不多功能的衣服会买上好几件。

更盲目的是有好多孩子已经形成了一种观点，他的衣服鞋子全要同一个品牌的，一定要搭配起来穿。也就是说不是一身耐克，就要是一身阿迪达斯。

第二，盲目攀比和炫耀自己的日常用品。

孩子们常常会将攀比的行为延伸到自己日常所用的物品上。比如书包、文具盒、钢笔，甚至小到橡皮也要比较谁的更贵更高级。有很多孩子为了不断买到比其他同学更高级的橡皮，居然会向家里人谎称橡皮丢了，所以要买新的。很多孩子觉得一块小小的橡皮是花不了多少钱的，所以他们会心安理得地要求父母不断买新的。其实现在一块高级的橡皮并不便宜。再说，这也绝不单是钱的问题，从这里开始，孩子们在不断地"培养"着自己撒谎的本领，慢慢养成了不诚实的品性，这都会为他们的健康成长埋下严重隐患。

第三，盲目攀比和炫耀生日派对的排场。

对很多孩子来说，举行一个奢华隆重的生日派对已经成为每一年的一个重要"节日"。很多孩子早就不满足于那种只是家人或是最要好的朋友在一起简单地祝福一下的生日了，而是想出各种各样的办法相互攀比着过生日。

有的孩子要父母掏钱请班里所有要好的朋友到饭店大吃一顿，还不能有父母在场，他们像成年人一样在饭店大吃大喝，开香槟，切巨大的蛋糕，场面隆重盛大。而那些参加别人生日派对的同学也是相互比谁送的礼物更"拿得出手"，你送一百块钱的礼，我就一定要送两百块钱的。结果是大家的礼物一年比一年时尚，一年比一年昂贵。有的小寿星还会趁此机会"理直气壮"地"敲"父母一笔，把所有平时被父母拒绝的要求都在这一天提出来，他们知道，这一天父母是不会让自己伤心的。

第四，盲目比较谁家的汽车更贵更高级。

现在很多家庭都买了家用小汽车。本来这只是一个交通工具，是为了让生活更方便。小汽车本身与孩子们的身份地位毫无关系。可是很多孩子开始把自己家的小汽车拿来作为攀比和炫耀的资本。有孩子看着别的同学的爸爸开着更高级更好的汽车就会心里不舒服，而那些家里有高级汽车的同学也会经常以此为资本来炫耀：

"你看，你爸爸才开'夏利'，真丢人，我爸爸开'本田'！"更有甚者，还会有同学对别的同学说："我们家的车是'宝马'，撞坏了，你们家又赔不起，下次看到我们家的车，你家的'夏利'就赶紧让路知道吗？"

如果这样，孩子们不仅会变成"势利眼"，还会因此大大影响与周围同学的关系，更严重的是会影响他们的价值取向，使他们慢慢变成一切向钱看的人。这是最要不得的。

如何帮助孩子克服盲目攀比、炫耀的坏习惯呢？我有以下几点建议。

- **让孩子了解金钱的实际意义与象征意义**。对成年人来说，金钱也许象征着成功，也许代表着身份地位，也是个人、家庭和社会财富的象征。而对孩子呢？金钱虽象征着家庭的财富，但那是父母劳动创造的，与他们并没有太大的关系，金钱只不过是其成长过程中的一种可利用的资源而已。

  对于金钱的实际作用，父母可以让孩子在生活的实践中去进一步了解，而不是做一个只懂伸手向父母要钱的"小书生"。比如让孩子懂得钱在生活中的交换价值，经常带孩子去市场走走，让孩子看看平时吃的一斤鸡蛋需要多少钱，穿的一件衣服需要多少钱，家里用的冰箱彩电需要父母多少天的辛苦工作才能挣到那么多钱。有了直观的了解，孩子就会对钱有一个起码的概念，也就不会再以为一块橡皮是无所谓的，请同学过生日派对是无所谓的了。

- **帮助孩子克服虚荣心**。造成孩子们盲目攀比和炫耀心理的一个重要原因就是虚荣心作怪。虚荣心会导致孩子去追求那些超过实际需要的东西，去追求一些华而不实的事物，比如名牌衣物。克服虚荣心就是从思想上斩断孩子盲目攀比、炫耀的根源，这是十分必要的。

- **让孩子了解和体会父母挣钱的辛苦**。很多孩子之所以会不断地要求父母买名牌，不停地和同学比着讲排场，不能控制地去和别人攀比，向别人炫耀，很重要的一个原因就是并不知道父母挣钱的不易。他们以为父母的钱是很容易得来的，有的甚至根本就不知道父母的钱到底是从哪里来的。

父母完全可以让孩子深入了解自己平时是如何辛苦工作的，让孩子深刻体会父母生活和工作的不易，这样他们对钱的使用就会有一个更合理的认识，也有助于他们克服把钱花在没有必要的盲目攀比和炫耀上的坏习惯。

参考文献

1. 孟育群，徐岫茹等. 改善亲子关系的方法. 北京：新世界出版社，2005

2. 卜卫. 媒介与儿童教育. 北京：新世界出版社，2002

3. 林格. 怎样和孩子沟通——好的关系胜过许多教育. 北京：新世界出版社，2005

4. 林格. 怎样教会孩子学习——稳步提高学习成绩. 北京：新世界出版社，2005

5. 本课题组编. 孙云晓，张梅玲主编. 儿童教育就是培养好习惯——当代少年儿童行为习惯研究报告. 北京：北京师范大学出版社，2004

6. 孙云晓. 培养一个真正的人. 北京：同心出版社，2004

7. 关鸿羽. 教育就是培养习惯. 北京：新世界出版社，2003

8. 孙云晓. 教育的秘诀是真爱. 北京：新华出版社，2002

9. 孙云晓. 好的关系胜过许多教育. 北京：新世界出版社，2005

10. 林格. 好父母. 北京：同心出版社，2005

11. 林格. 新家教(上、下). 北京：华艺出版社，2001

12. 徐国静，辛雨奇. 谁是最好的老师. 北京：新世界出版社，2002

13. 孙蒲远. 美丽的教育. 北京：同心出版社，2004

14. 冉乃彦. 真正的教育是自我教育. 北京：新世界出版社，2003

15. 费曼著. 李沈简等译. 你干吗在乎别人怎么想. 北京：中国社会科学出版社，1999

16. 孟华琳. 10天改变一生——终极突破. 北京：石油工业出版社，2005

后 记

这些年我一直在教育研究领域认真耕耘，对于教育理论的发掘以及整合有了一些比较清晰的认识，对如何遵循人的发展规律开展以人为本的教育活动，基本上掌握了其脉络。

这本书展现了现代教育的基本智慧。如：

一是尊重，没有尊重就没有教育，尊重是建立健康的儿童观和发展观的前提；

二是责任，人在承担责任中成长；

三是自信，自信是人格的核心，只有建立在自信的基础上，教育才能发挥作用；

四是自主性，人的自主性是教育的意义所在，等等。

我特别要感谢让我受益匪浅的身边的教育家：一是孙云晓教授，他是对中国教育发生过重要影响的教育家，从早期的《夏令营中的较量》开始，自觉担当了发掘现代教育智慧的责任，到后来长期研究"习惯"，成为一位箴言式的教育家；二是杜和戎教授，他是中国最有智慧的教育家之一，是一位大师级人物，他开创的"讲授学"以及"杜和戎教学法"达到了一个极高的境界；三是程鸿勋，他是阶梯教育理论的创始人，抓住了生命发展的基本规律，从宏观上探究了人的学习与成长的阶梯目标管理方法；四是冉乃彦教授，他在自主性教育方面有自己扎实的实验与创建，因此拓宽了自我教育理论的框架，并导向实践性；五是孟育群教授，她是中国研究亲子关系第一人。还有陆士桢教授、关鸿羽教授、闵乐夫教授、孙蒲远老师等，他们是我的恩师，更是导师，他们的点拨或者教诲让我开始了教育上的觉醒，我实际上只是在传承他们的思想。

我还要感谢我的学术助理吴贤春，她以其细致、认真的学术精神，为我做了很多准备工作以及后期的求证、注释工作。

林 格